大展好書　好書大展
品嘗好書　冠群可期

大展好書　好書大展
品嘗好書　冠群可期

吳式太極拳 3

王培生
內功心法太極拳

附VCD

■張耀忠　張　林　編著

大展出版社有限公司

國家圖書館出版品預行編目資料

王培生內功心法太極拳 ／ 張耀忠　張 林　編著
——初版，——臺北市，大展，2011〔民100.06〕
面；21公分 ——（吳式太極拳；3）
ISBN 978－957－468－815－9（平裝；附影音光碟）
1. 太極拳
528.972　　　　　　　　　　　　　　100006412

王培生內功心法太極拳（附 VCD）

編 著 者／張耀忠　　張　林
責任編輯／王 躍 平
發 行 人／蔡 森 明
出 版 者／大展出版社有限公司
社　　　址／台北市北投區（石牌）致遠一路2段12巷1號
電　　　話／（02）28236031・28236033・28233123
傳　　　眞／（02）28272069
郵政劃撥／01669551
網　　　址／www.dah-jaan.com.tw
E－mail／service@dah-jaan.com.tw
登 記 證／局版臺業字第2171號
承 印 者／傳興印刷有限公司
裝　　　訂／眾友企業公司
排 版 者／弘益電腦排版有限公司
授 權 者／山西科學技術出版社
初版1刷／2011年（民100年）6月
初版2刷／2015年（民104年）10月

定 價／330元

　　王培生先生是中國名揚四海的武術家、技擊實戰家、太極拳泰斗。先生畢生致力於武學研究凡七十年，繼承、弘揚中華武術，執著地研究武術攻防技術，鑽研太極拳推手理論，明陰陽曉五行，精通技擊妙理，武術著作豐富，武術技藝精湛，爲中國武術事業的發展作出了傑出的貢獻。

　　有幸成爲先生門下一名弟子，是我今生莫大的榮幸。20 世紀 80 年代初，我們請先生到我所在工作單位——北京龍壇湖畔的軍事體育總校，爲同門、同道講授太極拳。其間又請先生到天壇公園拍攝了一整套太極拳照，但因品質問題未能刊用，一直存放了二十多年，幸好當今有了電腦技術，才將數百張老舊照片修復一新。先生出過不少太極拳書，但無一本動作拳照是完全由先生一人演示，所以，本書拳照十分珍貴，它成了先生的絕唱。先生拳照儀態端莊，姿勢規範，實爲後人之楷模。本書的面市，定會慰藉先生英靈。

　　我在跟隨先生習藝期間，有意積累了先生太極拳授課教學演講的文字資料。它是當代武術的寶貴資

料，是先生留給我們非常珍貴的精神財富，從中，我們可研究王培生先生的武學思想。如今，先生已駕鶴西歸。爲繼承恩師遺志，弘揚太極文化，筆者特將先生遺留下來的這些資料加以整理，彙編成集，以供後人研習參考。

本書的主要特點是先生細講的內功心法。內功即意功，心法即意念。內功心法就是練拳時用的意念之法。

王宗岳說：「勢勢存心揆用意，得來不覺費功夫。」太極拳的每個動作都有意念在其中，所以平時走架時要注意意念，處處用意不用力。現在多數人練太極拳懂得了不用力，但不足之處是失去了意念，沒有意念也就不成爲太極拳了。

本書中，王培生先生詳細、具體地告訴習者，在舉手投足的行功過程中如何用意念。只要認眞按照先生指點的用意方法去修練，定會在健身和防身兩方面，收到立竿見影的效果。

本書在編寫過程中，曾得胡國勝、郭延民、張貴華、厲勇、高成鳳、馬洪德等各位的大力協助，在此謹致謝意。本書若有文字錯誤，全由編者負責，誠望指正。

丁亥初秋於北京本家潤園

目　錄

目

錄

5

內功心法太極拳

第一節 內功心法太極拳動作名稱

預備勢

一、起勢（四動）

第一動　左腳橫移；第二動　兩腳平立；第三動　兩腕前掤；第四動　兩掌下採。

二、攬雀尾（八動）

第一動　左抱七星；第二動　右掌打擠；第三動　左掌沉採；第四動　弓步頂肘；第五動　左肩打靠；第六動　右掌上捌；第七動　兩掌回捋；第八動　右掌前按。

三、摟膝拗步（六動）

第一動　左掌下按；第二動　右掌前按；第三動　右掌下按；第四動　左掌前按；第五動　左掌下按；第六動　右掌前按。

四、手揮琵琶（四動）

第一動　右掌回採；第二動　左掌前掤；第三動　左掌平按；第四動　左掌上掤。

五、野馬分鬃（四動）

第一動　左掌下採；第二動　左肩打靠；第三動　右

掌下採；第四動　右肩打靠。

六、玉女穿梭（二十動）

第一動　右腕鬆轉；第二動　左掌斜掤；第三動　左掌反採；第四動　右掌前按；第五動　左掌右轉；第六動　右掌斜掤；第七動　右掌反採；第八動　左掌前按；第九動　兩掌內合；第十動　右掌下採；第十一動　右腳橫移；第十二動　右肩右靠；第十三動　右腕鬆轉；第十四動　左掌斜掤；第十五動　左掌反採；第十六動　右掌前按；第十七動　左掌右轉；第十八動　右掌斜掤；第十九動　右掌反採；第二十動　左掌前按。

七、肘底看捶（二動）

第一動　雙掌按捋；第二動　左肘上提。

八、金雞獨立（四動）

第一動　雙掌滾轉；第二動　右掌上掤；第三動　雙掌滾轉；第四動　左掌上掤。

九、倒攆猴（十動）

第一動　右掌反按；第二動　左掌前按；第三動　左掌下按；第四動　右掌前按；第五動　右掌下按；第六動　左掌前按；第七動　左掌下按；第八動　右掌前按；第九動　右掌下按；第十動　左掌前按。

十、斜飛式（四動）

第一動　左掌斜掤；第二動　左掌下捋；第三動　左腳前伸；第四動　左肩左靠。

十一、提手上式（四動）

第一動　半面右轉；第二動　左掌打擠；第三動　右掌變鉤；第四動　右鉤變掌。

十二、白鶴亮翅（四動）

第一動　俯身按掌；第二動　向左扭轉；第三動　左掌上挪；第四動　兩肘下垂。

十三、海底針（四動）

第一動　左掌下按；第二動　右掌前按；第三動　右掌前舒；第四動　右掌下指。

十四、扇通背（臂）（二動）

第一動　兩掌前伸；第二動　左掌前按。

十五、左右分腳（十二動）

第一動　兩掌虛合；第二動　兩掌右伸；第三動　右掌回捋；第四動　兩掌交叉；第五動　兩掌高舉；第六動兩掌平分；第七動　兩掌虛合；第八動　兩掌左伸；第九動　左掌回捋；第十動　兩掌交叉；第十一動　兩掌高舉；第十二動　兩掌平分。

十六、轉身蹬腳（四動）

第一動　兩拳交叉；第二動　提膝轉身；第三動　兩掌高舉；第四動　兩掌平分。

十七、進步栽錘（六動）

第一動　左掌下按；第二動　右掌前按；第三動　右掌下按；第四動　左掌前按；第五動　左掌下按；第六動右拳下栽。

十八、翻身撇身錘（二動）

第一動　右拳上提；第二動　右肘下採。

十九、二起腳（六動）

第一動　翻掌出步；第二動　兩掌右伸；第三動　右掌回捋；第四動　兩掌交叉；第五動　兩掌高舉；第六動

兩掌平分。

二十、左右打虎式（四動）

第一動　兩掌合下；第二動　兩拳並舉；第三動　兩掌回捋；第四動　兩拳並舉。

二十一、雙風貫耳（四動）

第一動　兩拳高舉；第二動　兩掌平分；第三動　兩掌下採；第四動　兩拳相對。

二十二、披身踢腳（四動）

第一動　兩拳右轉；第二動　兩拳交叉；第三動　兩拳高舉；第四動　兩掌平分。

二十三、回身蹬腳（四動）

第一動　左腳右轉；第二動　兩拳交叉；第三動　兩拳高舉；第四動　兩掌平分。

二十四、撲面掌（四動）

第一動　左掌下按；第二動　右掌前按；第三動　右掌下按；第四動　左掌前按。

二十五、十字腿（單擺蓮）（四動）

第一動　左掌右捋；第二動　左掌繼捋；第三動　右腳上提；第四動　右腳右擺。

二十六、摟膝指襠捶（四動）

第一動　右掌下按；第二動　左掌前按；第三動　左掌下按；第四動　右拳指襠。

二十七、正單鞭（六動）

第一動　翻拳上步；第二動　右掌上捌；第三動　右掌後掤；第四動　右掌前按；第五動　右掌變鉤；第六動　左掌平按。

王培生　內功心法太極拳

二十八、雲手（六動）

第一動　左掌下捋；第二動　左掌平按；第三動　右掌平按；第四動　左掌平按；第五動　按掌變鈎；第六動左掌平分。

二十九、下式（二動）

第一動　右掌前掤；第二動　兩掌回捋。

三十、上步七星（上步騎鯨）（二動）

第一動　右掌前掤；第二動　兩掌上掤。

三十一、退步跨虎（二動）

第一動　兩掌前掤；第二動　兩掌回捋。

三十二、回身撲面掌（二動）

第一動　右掌右捋；第二動　左掌前按。

三十三、轉腳擺蓮（四動）

第一動　左掌右捋；第二動　右掌回捋；第三動　右腳上提；第四動　右腳右擺。

三十四、彎弓射虎（四動）

第一動　兩掌回捋；第二動　兩拳俱發；第三動　兩掌回捋；第四動　兩拳俱發。

三十五、卸步搬攔錘（四動）

第一動　兩掌右搬；第二動　兩掌左搬；第三動　左掌回攔；第四動　右拳前伸。

三十六、如封似閉（二動）

第一動　兩掌回捋；第二動　兩掌前按。

三十七、抱虎歸山（十字手收式）（六動）

第一動　雙掌前伸；第二動　兩掌展開；第三動　兩掌上掤；第四動　兩肘下垂；第五動　兩掌合下；第六

太極還原。

第二節　內功心法太極拳動作圖解

這套拳架共為 37 式，分成 178 動，每式的動作均為雙數，最少的 2 動，最多的 20 動。預備勢並無動作，不在 37 式之內。

預備勢

【釋義】
凡是運動將要開始之前，都要有所準備之意。

【動作圖解】
面對正前方（正南）併腳站立，兩臂自然下垂，使掌心貼近股骨側，手中指指尖緊貼褲線，即風市穴；頭頂正直，舌抵上腭，兩眼平遠視；體重平均在兩腳，意在兩掌指尖。

此勢要求重在摒除雜念，使身心達到虛靜和鬆空，也就是將全身骨節鬆開，肌肉放鬆，沒有絲毫緊張感。能如此練習，養成習慣之後，全身運動起來自然產生出「絲鬆圓活」之妙趣（圖 1-1）。

【感覺】
身體彷彿站在一隻船上，隨船搖擺著。這表明思想已無雜念而達到入靜狀態。否則，身體搖晃沒有發覺的話，是思想上還有雜念未淨。此時，先想命門，後想肚臍，反覆三次，重心就穩固。這就是中定。

總之，從一開始練起，身體就會有一種特別舒適的感覺，並且，始終保持在每個動作後都能有此舒適感。這種

圖1-1　　　　　　　　　圖1-2

感覺只可意會，非筆墨所能形容。

一、起勢（四動）

【釋義】

凡是運動的開始、開頭、起頭，頭一個動作，均叫起勢。

【動作圖解】

第一動　左腳橫移

身體和頭頂保持正直，用意念想鼻尖微向右移，和右腳大趾成上下垂直線，然後使尾骶骨和右腳跟上下對正。這時，左腳自然向左橫移至與肩同寬為度，左腳大趾虛沾地面。兩眼仍向前平視；重心移於右腿；意念在右小指指尖（圖1-2）。

【感覺】

身體右半邊緊張，左半邊鬆弛。

【用法】

對方用右手扒著我之左肩向右橫撥或橫搬時，我則用意念想自己的右肩或身體之右側某部位即可。這樣一想，對方就撥不動了。

圖1-3

第二動　兩腳平立

用意念從右手的小指指尖開始想起，依次序想無名指、中指、食指、拇指、掌心、掌根。與此同時，左腳二、三、四、五趾，腳心、腳跟也自然地依著次序相繼漸漸落平。重心平均在兩腳；視線不變；意在兩手的食指指尖（圖1-3）。

【感覺】

很痛快地喘了一口氣，同時感覺上身輕鬆舒適，從橫膈膜以下特別沉穩，兩腳如植地生根。

【用法】

此式為太極自然樁法，既可攝生，又有防守六面勁（上下前後左右）進攻之作用。「授密歌」中所說的「應物自然」之句，即指此法而言。

第三動　兩腕前掤

用意想兩手指尖，使指關節先舒展伸直，然後想手指肚向手心靠近。這時兩手腕產生的動力將兩臂自然引向前上方平舉，至手腕高與肩平、寬與肩齊為止，視線和重心均不

變；意在手心（圖1-4）。

【感覺】

前胸舒暢，有想吃東西的意思，即饑餓感。

【用法】

自己手腕被對方攥著時，我即將五指撮攏回收，腕部向前突出擊其掌心，使對方身體重心傾斜，後仰跌出。

圖1-4

第四動　兩掌下採

用意先想兩手背，這時兩臂自然降落至拇指尖貼近兩股骨外側為止，掌心向下，指尖朝前，臂彎微屈。與此同時，兩膝鬆力，身體向下蹲，使髕骨尖和腳尖上下成垂直線為度；同時小腹微收。兩眼向前平視；重心仍在兩腳；意在外勞宮（即手背）（圖1-5）。

圖1-5

【感覺】

由於「尾閭中正神貫頂，滿身輕利頂頭懸」，大腿和小腿發脹、發熱而有勁，顯著下盤穩固。

【用法】

對方攥著我之手腕往後拽時，我隨將五指舒伸，向下

向後沉採（注意沉肩墜肘，鬆腰提頂）。此時對方即應手
向前撲跌或前栽。

二、攬雀尾（八動）

【釋義】

根據其動作的象形意義，把對方擊來之手臂比喻為鳥兒
的尾巴，將自己的手臂比喻為繩索，旋轉上下、前後、左右
纏繞其臂，即隨其動作而動作，似繩索捆縛雀尾之意。

【動作圖解】

第一動　左抱七星（掤手）

用意想「會陰穴」向右後下方移動，使尾骶骨與右腳跟
上下對正。然後鬆左肩，墜左肘，左掌會自動地向前上方掤
起，到掌心向後上方、拇指與鼻尖前後對正為止；同時，右
掌也自動地向胸前移動至中指尖貼近左臂彎處為止，掌心朝
前下方。然後墜右肘，鬆右肩。這時左腿會自動地朝正前方
伸直，腳跟著地，腳尖蹺起（成
坐步式）。兩眼從左掌拇指上方
平遠瞻；重心在右腿；意在右肩
（圖1-6）。

【感覺】

右掌心和左腳心輕微蠕動；
右大腿和小腿發脹發熱。

【用法】

如對方擊來右拳，我則以左
肘粘其右肘，並以右腕粘其右
腕，使其右臂伸直。此時對方即

圖1-6

被挪起（拿起來了）。

第二動　右掌打擠

用意想鬆右肩，墜右肘，右
掌會自動地向前移動至掌心與左
掌脈門相貼為止。這時左臂自然
平屈橫於胸前，左掌掌心向後，
指尖朝右；右掌掌心向前，指尖
朝天，以食指指尖與鼻尖前後對
正。同時，左腳逐漸落平，左膝
前弓；右腿在後伸直（成弓箭

圖1-7

步），重心在左腿。兩眼從右手食指上方向前平遠視；意
在脊背（圖1-7）。

【感覺】

全身力量完整，力係發之由腳而腿、而腰，達於脊背，
形於手指，因之有氣勢澎湃之感。

【用法】

接上動，用「擠勁」（推切手）發之，我以左小臂橫
於對方之胸前，復以右掌向前推至左脈門處；同時，脊背
微向後倚。此時對方則應手跟跟蹌蹌跌出或仰面摔倒。

第三動　左掌沉採

用意想左掌，使掌心與右肘相觸後，掌心轉向下，墜
左肘，鬆左肩。這時身子會自動地向右轉成90度；同時，
右掌掌心自然朝後上方，拇指對正鼻尖；左掌掌心朝前下
方，貼近右臂彎。左腿屈膝略蹲，右腿舒直，腳掌平著地

面（半馬襠步）。重心在左腿；兩眼注視左食指尖；意在左肩（圖1-8）。

【感覺】

左掌心和右腳心輕微蠕動；左大腿和小腿發脹、發熱。

【用法】

對方以左肘向我右肋頂來。我則以左掌腕部粘其左腕；同時，向右轉身，並以小臂豎直粘其左肘，然後向左後上方微微移動，即可將對方採起（拿起）來了。

圖1-8

圖1-9

第四動　弓步頂肘

用意念想鬆左肩，墜左肘。這時，右腳腳尖自動地略微抬起；左掌便自動地向前移動至掌心與右臂彎相貼時為止，右臂自然平屈橫於胸前，右掌掌心向右，和右肩相對，指尖朝後；左掌指尖向前，拇指尖朝天。與此同時，右腳逐漸落平，右膝弓出；左腿在後伸直（成右弓箭步）。重心在右腿；兩眼從右肘尖上方向前平遠視；意在右掌掌心（圖1-9）。

【感覺】

全身力量完整有勁，氣勢澎湃雄厚。

王培生內功心法太極拳

【用法】

我以右肘肘尖橫頂對方胸前，復以左掌向前推至右臂彎處；同時，右掌掌心微向右肩靠近。這時對方則應手而踉踉蹌蹌跌出或摔倒。

第五動　左肩打靠

用意想右掌的五指指甲，從拇指開始逐個遞想每個指甲與天空成水平，這時右臂自動伸直，掌心也隨之翻轉朝地面，然後使右臂從身之右前上方走弧形降落至身之右後下方。這是用意想哪裏，哪裏放鬆。

此動作是從右手的小指肚開始依次放鬆的，即小指、無名指、中指、食指、拇指指肚、手心、手腕、肘關節一直鬆到肩關節。此動作做完形成右弓箭步，重心仍在右腿。左肩朝正前方，上體半面轉向右，左右兩臂微彎，兩掌掌心均朝下，虎口上下斜對成圓狀。兩眼注視右手食指指尖；意在玉枕（圖1-10）。

【感覺】

腸胃蠕動。此動作和下一個動作能活動胰臟，練之對糖尿病患者能夠起到醫療作用。

【用法】

發靠勁，似雷霆之迅不及掩耳。此動作在人身竅位上是玉枕，屬膽經。以自己身體之有關部位（肩、肘、背、胯、膝等）靠對方之身，使之不能得力。此

圖1-10

式用法是接上一個動作之肘打，在被對方以採勁化解反攻後，我用左肩向其胸部（即原右肘所觸之位置）猛擊。

圖1-11

第六動　右掌上挒

用意想右肩鬆力，右肘下墜，右掌掌心自動鬆轉向上，從右肋開始移動經左肋、前胸，至右臂舒直，與右肩前後對正，略高於肩，掌心向上，指尖向前；左掌掌心向下，以中指和無名指尖扶在右掌脈門。與此同時，身體隨手的動作而自然運轉（任其自然保持正直）。重心變換了一次，係由右腿移到左腿，復由左腿又轉移到右腿。兩眼從右掌食指尖上方向前平遠看；意在左腳（圖1-11）。

【感覺】

全身舒暢；右掌掌心和腹部發熱並微有蠕動。

【用法】

挒勁之法與採勁相反，分勁為挒，其姿勢抓住對方手腕以後而擰之為挒。主要是手與腳分而產生挒勁。

第七動　兩掌回捋

用意想右掌掌心向內，以食指指肚從左眉梢向右畫至左眉頭時，掌心轉向外，再以食指指甲從右眉頭畫至右眉梢為止，眼神始終注視右掌食指指尖。與此同時，左腿自

然屈膝略蹲，右腿舒直，腳跟著地，腳尖蹺起，重心在左腿。左掌與右掌掌心均朝外，兩掌分開距離約 15 公分。意在玄觀，即兩眉中間（圖1-12）。

圖1-12

【感覺】

左手發脹、發熱；右掌心發熱和蠕動。

【用法】

将勁之法是破掤手之法。例如對方以掤手來攻（即斜上方的力），剛剛接觸我身時，我則以右掌粘其左腕，左掌粘其右肘，往右後上方将出；同時，身子略微右轉，則使對方所發之力落空而應手跌出。

第八動　右掌前按

用意想左手腕、左肘逐漸放鬆，一直鬆到左肩為止。同時，右腳腳尖自動向左轉（正對南方），隨之，屈膝略蹲，左腿舒直，左腳位置不動，兩腳成丁八步，重心在右腿。這時，左右兩掌距離不變，隨同身子從正北向左轉到正南方為止，掌心均朝下，右掌高與乳平，左掌與心口窩平。兩眼視線從右食指尖轉到左食指尖上；意在前胸（圖1-13）。

圖1-13

【感覺】

胸寬，背圓，力全，右腿發脹發熱。

【用法】

按勁之法可以破擠勁。如對方用擠手（即平行直力）擊來，我則以雙手輕輕扶於其後臂之肘腕部的上面。不可用力，只要粘住不離開即可，主要在於「涵胸」（即胸部略微一收斂）。同時，兩掌微微向前舒展，略帶弧形。此時，對方則應手而倒退或跌坐地上。

上述八法之應用是根據其每個動作而言的。實際應用時，見景生情，隨機而用，其所發之勁均從穴道上發出，效率很高。此八法各有穴位。例如：用肘之法，肘窺在肩井。用此勁時是由於自己被對方將要捋出之際而突然改變用肘還擊。此法與斷勁相似，然用之恰當非常厲害，易生事故，應注意為要。用肘之法約有 16 種之多，如一膝肘、兩膝肘、肘底槍、肘開花、頂撞掩滾、獻纏抱翻、搖、鑽、單鞭壓肘、雙鞭壓肘，等等。

三、摟膝拗步（六動）

【釋義】

此勢名稱來源於術語，即左腳在前推右掌，或右腳在前推左掌，則形成左右交叉式，術語稱之為「拗步」。拳法中講，以手橫過膝蓋或下按膝蓋等動作稱為摟膝，是破敵攻下路的方法，故取是名。

【動作圖解】

第一動　左掌下按

用意想右掌腕部鬆力，使虎口和右耳孔相貼，然後，

墜右肘，鬆右肩。此時左腿自動
向左橫開一步，左腳跟著地，腳
尖蹺起。同時，身子和左臂也自
動向左轉向正東，左掌掌心向
下，和左腳大趾成垂直線。兩眼
注視左掌食指；重心在右腿；意
在右肩（圖 1-14）。

圖 1-14

【感覺】

　　右腿發脹、發熱；左掌自然
產生出一種向下的按勁。

【用法】

　　如對方用右腳向我腹部踢來，我即以左掌對準其膝蓋
骨向下按，使對方不踢而已，若踢之而自行倒退失敗。

第二動　右掌前按

　　眼神離開左手食指，抬頭向前方平視，這時，用意想右
肩找左胯，感到左腳跟一吃力；想右肘找左膝，腳放平時
再想右掌找左腳，這時右掌無名指像紉針似的向前搆針
孔，到重心由右腿移到左腿時，立掌、凸掌心，使指尖立
起朝天，右臂伸直外旋，右拇指尖朝上，與食指朝右上的
第一個橫紋成水平面。右臂外旋時，右腳跟隨之向右外
開。之後意念轉到左掌心，左臂窩微屈，左手中指尖與左
肘尖成一直線，左掌心捺地面，到右腳能自然離開地面抬起
為度。發右掌時不要用力向前推，要讓它自己到。

　　怎麼到呢？就是眼順右掌拇指上面平視前方，眼往哪裏
看掌往哪裏推，不去想推的動作，而是想右肩找左胯、右肘

找左膝、右掌找左腳，右掌自
然向前，之後右臂外旋，右腳
跟外開，腰子合上，左掌一捺
地前推勁就出來了（圖1-
15）。

【感覺】

左大腿和小腿發脹、發
熱；兩掌心亦同時發熱和蠕
動。

【用法】

接上動，當對方以右腳踢
我落空後，其必向前下方落
步。我當進左步緊貼其右腳內
側，同時發出右掌，擊其前胸
或面部。此時對方則應手跌
出。

第三動　右掌下按

用意想左腕鬆力，向上提
至左耳旁，虎口貼近耳孔；同
時，右掌自動向前下方按出，
掌心向下。兩腳位置不變，仍
為左弓箭步，重心仍在左腿。兩眼注視右掌食指指尖；意
在左掌掌心。（圖1-16）。

【感覺】

左腿發脹，生熱。

圖1-15

圖1-16

【用法】

如對方以左腳向我腹部踢來，我即以左掌對準其膝蓋骨向下按，使對方不踢則已，若踢之則自行倒退而失敗。

第四動　左掌前按

眼神離開右手食指，抬頭向前方平視；同時墜左肘，鬆左肩。此時右腿

圖1-17

自動向前邁進一步，腳跟先著地，腳掌逐漸放平。同時，意想左肩找右胯，感到右腳跟吃力時，再想左肘找右膝，當腳放平之後，眼順左掌拇指上面向前平視；重心在右腿；意在右掌心（圖1-17）。

【感覺】

右大腿和小腿發脹、發熱，兩掌掌心亦同時發熱或蠕動。

【用法】

接上動，當對方以左腳沒踢著我落空後，其必向前下方落步。我當進右步緊貼其左腳內側，同時發出左掌，擊其前胸或面部。此時，對方會應手跌出。

第五動　左掌下按

左掌以食指引導向前下按至右膝前為止，掌心向下；同時，右腕鬆力，向上提至右耳旁。重心仍在右腿；兩眼

圖1-18

圖1-19

注視左掌食指尖；意在右掌掌心（圖1-18）。

【感覺】

右腿發熱、發脹。

【用法】

因對方用腳踢我，必先提膝之後才能發小腿，所以摟膝的目的是用一隻手按對方的膝蓋（對方踢右腿，我用左手按；對方踢左腿，我用右手按），對方再踢，他自己就站不住了。對方不踢腳落在我身邊，即下按的手側面，而我的腳落在他腳的內側，這時下按的手就不再管它了。抬頭看對方，發另一隻手。

發的手不要用力也不要軟，沾著對方後，臂外旋，後腳跟向外開，旋轉後，下按的手臂彎一屈，肘向後下方一沉，產生下沉勁，身子也隨之下沉，手心一熱，後腿蹬直，後腳有了撐勁，對方就被發出去了。此動作就是用左掌按對方的右膝蓋骨，待機而發之勢。

第六動　右掌前按

眼神離開左掌食指尖,抬頭向前方平視。這時左腿自然會向前邁進一步,之後左腳逐漸落平。與此同時,意想右肩找左胯,右肘找左膝,右掌找左腳。此時兩腿成為左弓箭步。眼順右掌拇指上面向前平視;重心在左腿;意在左掌掌心(圖1-19)。

【感覺】

左大腿和小腿發脹、發熱;兩掌掌心亦同時發熱或蠕動。

【用法】

當對方以右腳沒踢著我落空後,其必向前下方落步。我當急進左腳緊貼近其右腳內側,同時發出右掌,擊其前胸或面。這時對方會應手跌出。

四、手揮琵琶(四動)

【釋義】

兩手一前一後擺動滾轉,好似揮彈琵琶的樣子,故取此為名。

【動作圖解】

第一動　右掌回採

用意想左掌、左肘、左肩逐遞依次放鬆關節。這時右膝微微一屈,身子自動往後坐。右掌自動往後撤至大拇指與心口窩對正,掌心朝左,左掌心向下貼近左胯。此時,鼻尖、右膝蓋尖和右腳尖,三尖上下相照,即成垂直線,尾骶骨與右腳跟上下對正,重心在右腿。身子坐好後,左腳尖將要蹺時即點地,右大拇指就有了墜勁。兩眼向前平

遠視；意在左肩（圖 1-20）。

【感覺】

右大腿酸脹，小腿有勁沉穩。

圖 1-20

【用法】

如對方將我右手腕刁捋並向後拽，我被拽的右手臂不可用力抵抗，只是意使左肩與右胯相合，這樣會使對方拽不動自己，而反把對方拽了過來。

第二動　左掌前掤

用意念想右肩找左胯，胯一沉，左腳尖就往上蹺；再想右肘與左膝合，腳蹺得還高。然後想右手心與左腳心微微一貼，貼上以後，用手心吸左腳心，實際是使左臂自然上升，吸到左手大指與鼻尖對正，臂窩微彎，右手中指扶在左尺澤穴。兩腿成右坐步式，重心在右腿不變。兩眼順左手大指上面向前平遠瞻；意在右掌掌心（圖 1-21）。

圖 1-21

【感覺】

右腿發脹發熱；右掌心和左腳心有輕微蠕動。

【用法】

如對方用右拳向我前胸擊來，我則以左臂肘部粘其右肘，並以右掌腕粘其右腕，使其右臂伸直不得彎曲，此時對方即被我拿了起來，失去重心任人發放矣。

第三動　左掌平按

右手翻轉朝天向左前方一伸，意想拿右手往左腳底下塞，去上托左腳心，意念一動，左腳尖自己就往下落，體重前移，左腳放平好似踩在右手心上，右手愈來愈托不動，托不動就得沉肘，這時拿右曲池穴找左陽陵穴，使二穴成上下垂直線，身子自然要斜坡形向右旋轉，再拿右肩井穴找左環跳穴，合到右腳能抬起為度。左掌掌心翻轉朝向地面，指尖向右前方，自然產生向前、向下的按勁。右腳一虛，左掌就按，這是合。接著是開，即左肩、左肘、左腕全部舒展開，力量才大。因肩鬆氣到肘，肘沉氣到手，把氣貫到中指尖，意念一放到這兒，力量就大了。此動作最後是左掌以食指引導從右前方向左前方移動，左掌心朝下，右掌心朝上貼近右臂彎處，兩腿成左弓步式，重心在左腿。眼神從左手食指尖上注視前方；意在左手中指指尖（圖1–22）。

圖1–22

【感覺】

全身舒暢，左掌心和右腳

心蠕動。

【用法】

如我右手腕被對方用右手攔著，我則一掩右肘，對方立即身向前斜傾。我隨起左掌向右前方先壓其右肘，然後拿左掌的中指尖找對方左耳後的翳風穴，貼住以後意想右翳風，即意想從左翳風穿透到右翳風。

第四動　左掌上掤

左手大指為軸，小指引導翻轉朝下，左手往上托臂，要直，托到感覺右腳跟離開地面，腳大趾點地；左手繼續上托，沉左肘似貼地面，右腳自然向左腳靠攏（注意：手向上托時不能洩勁，手一弱，右腳就上不來了）。之後鬆一下左肩，拿左肩找右胯，感到右腳一落實，體重到了兩腿，右手自然下落，落到右手（手心向下）脈門與肚臍一平，然後眼神往左前上方遠處看，左手追眼神，送到左手中指尖與眉尖；同時向左轉腰，使右手脈門貼住右肋，鬆肩墜肘，臂窩微彎。

重心在左腿：意念在左手手心（圖1-23）。

【感覺】

左腳如樹植地生根，左掌心和右腳心有輕微蠕動。

【用法】

如對方之右臂已被我拿直，身子也成背勢不得力而欲逃脫，

圖1-23

我繼以左掌掌心向上托著對方之右臂肘關節；同時右掌心向下粘其右腕的活關節，左右兩掌上下一齊用勁，即撅其反關節。此時對方已被我拿了起來，想逃脫也脫逃不了，只有隨我任意擺弄，不然一較勁，其臂會斷。

五、野馬分鬃（四動）

【釋義】

此勢亦是象形動作，係以身之軀幹比喻為馬之頭部，將四肢比喻為馬之頭鬃，即兩臂左右、上下之擺動，兩腿左右、前後向前邁進時，手足左右交織之動作，有如野馬奔騰，故取此名。

動作圖解

第一動　左掌下採

接上動，面向東，重心在左腿。鬆左肩，墜左肘，然後以左掌小指引導向右後下方移動，使左手手背貼到右膝外側，指尖向下。身體不要打彎，直著下蹲，眼向前平視，右手自己就往上升，手心朝上托，升到與眼平時，拿右肘找左膝，右手自然向左撥出。之後眼從右手臂處向左前方看，想右肩找左胯，左腳自然邁出一步，腳跟著地，腳尖蹺起，重心在右腿。意在右肩（圖1-24）。

圖1-24

【感覺】

右腿發脹、發熱、發酸。

【用法】

此勢破打耳光是最好的方法。譬如對方以左手打我右臉，我則以右手輕輕一托其左肘，隨之，進左步鎖其雙腳。此動作為入樺，是一個完整動作的二分之一，即前半個動作。若要把對方摔倒的話，那麼，還必須與後半個動作結合起來才起作用。

第二動　左肩打靠

接上動，鬆右肩，開右胯，沉右肘，鬆右腕，右手舒展向前伸，伸到重心移到左腳，手心朝下，指尖朝前，到後腳能抬起時為度。重心到了左腿之後再動左手，鬆左手腕，使虎口展開，手心朝上，順右臂彎往上起，起到左小手指高與左耳平，左臂輕輕伸直，平著向右轉身，左手與右腳要掛上鉤，即接成正東正西的一條直線。然後腰繼續向右轉，使左肘與右膝成一條直線，再使左肩與右胯成一條直線，這時力量才能達到左肩。左膝向外撐，不要往裏使勁。同時右手自然下落到右踝骨上方，右手心朝下。眼看右手的中指指尖（圖1-25）。

圖1-25

【感覺】

左腿發脹、發熱。

【用法】

如對方使左手打我的右臉，我就用右手向左托其左肘，同時進左步將其雙腿鎖住

王培生內功心法太極拳

後，進左肩貼緊對方之左腋下，然後兩臂前後分開，眼看後手（右手）中指指尖，左肩頭自然產生向外打靠之巨大力量，使對方觸之即倒退，或跌出很遠。

圖1-26

第三動　右掌下採

鬆左肩，墜左肘，左掌自然抬起。同時，眼神離開右手中指看食指、大指，離開右手大指，抬頭，向正前方（正東）平視。

這時右手自然移到左膝左側，右手背貼近左膝。隨之墜左肘、鬆左肩，眼神向右前方平視。與此同時，右腳自然地向右前方邁進一步，腳跟著地，腳尖蹺起，重心在左腿。左掌貼近右耳，意在左肩（圖1-26）。

【感覺】

左腳脹、發熱、發酸。

【用法】

如對方以右手打我的左臉，我則以左手輕輕一托；同時進右步鎖其雙腿。此動作為入榫，為引拿勁，是一個動作的前半個動作。

第四動　右肩打靠

接上動，鬆左肩，開左胯，沉左肘，鬆左腕，左手舒展向前伸，伸到重心移到右腳，手心朝下，指尖朝前。重心到了左腿之後再動右手，鬆右手腕使虎口展開，手心朝

上順右臂彎往上起，起到右手的小指高與右耳平時，右臂輕輕伸直。平著向左轉身，使右手和左腳好似接上頭，形成一個圓圈，然後在這圓圈當中再產生三條直線，即右手與左腳、右肘與左膝、右肩與左胯，成正東正西的三條直線。同時，左手自然下降，落到手心與左外踝骨上下對正。眼看左手中指指尖（圖1-27）。

圖1-27

【感覺】

右腿發脹、發熱。

【用法】

如對方用右手打我耳光，我就用左手輕輕一托他的右肘再往右一撥；同時進右步將他的兩腿鎖住，之後右肩頭貼住對方的右腋下，兩臂前後分開，眼看後手（左手）的中指尖。

這時右肩頭自然產生出向外打靠之巨大力量，使對方觸之即行倒退，或跌出很遠。

六、玉女穿梭（二十動）

【釋義】

此勢之動作柔緩，左右運轉交織，環行四隅，連續不斷，往復折疊，進退轉換，纖巧靈活，就雅如玉女在織錦運梭一般，故取此為名。

【動作圖解】

第一動　右腕鬆轉

右掌掌心由朝上漸漸翻轉朝下，同時眼神離開左掌的中、食、拇指指尖，之後抬頭，眼再從右掌食指沿右掌外側弧形轉視右肘尖，同時，左掌隨著眼的轉視自然上起，至掌心托右肘。隨之右肩一鬆，左腳自然前進一步，腳跟著地，腳尖蹺起，形成右坐步式。重心在右腿；意在右肩井穴（圖 1–28）。

圖 1–28

【感覺】

精神振奮，右掌心和左腳心微微蠕動。

【用法】

如對方將我右手腕捋住往後拽時，我將若無其事地忘掉被拽的右手腕，只是眼神從右掌食指沿右掌外側弧形轉視右肘尖，這時，對方反被我拿起來了。同時，我進左步鎖住對方的雙腿，形成待發之勢。

第二動　左掌斜掤

左腳跟著地後，鬆右肩，沉右肘，感到右手心有動的意思時，凸掌心往左前方舒展，這時鬆右手找左腳，左腳放平時，左肘找左膝；重心到左腿時，右肩找左胯。

此時右腳後跟微微往外一開，意想左肩、左肘、左手腕部等逐遞鬆力，使左掌心翻轉向上、向左前方伸展到手

脈門與右手的中、四指貼住，之後再想左手的大指指甲好似貼在地面上，然後再逐遞想食、中、無名、小指等指甲均貼在地面上，五個指甲一貼地面後，右腳自然虛起，至能抬起離開地面為度。這時兩腳形成左弓步式，重心在左腿。兩眼視線順左掌食指的上方向前平遠看；意在左手的指甲上（圖1-29）。

圖1-29

【感覺】

左大腿和小腿發脹、發熱。

【用法】

如對方用右手向我胸部打來，我也用右手輕輕一貼他的右手腕；同時身子先向左微微一轉，再向右轉身，然後進左步鎖住他的後腿。左掌向前伸至與對方的左肋靠近，隨即向左後方用斜捌勁發出。

這是破中平手法的招式。

第三動　左掌反採

左掌以食指引導，走外上弧形向左後上方（西南隅）移動，右掌大指撫住左臂彎處隨著移動。同時，右膝鬆力，向右後方坐身；左腿伸直，腳跟著地，腳尖蹺起，形成右坐步式，重心在右腿。視線隨左掌食指；意在左肩井穴（圖1-30）。

圖1-30　　　　　　　　　圖1-31

【感覺】

右腿發脹、發熱，左手心發熱和蠕動。

【用法】

如對方用右掌向我頭部打來，我就用左掌粘住他的左小臂下邊，然後左腕外旋，用手心上托；同時上身往後一坐，即將對方拿起。

第四動　右掌前按

左腳逐漸落平，隨之屈膝略蹲；右腿伸直，重心移於左腿，形成左弓步式。同時，右掌離開左臂向左前方（東北隅）按出，左掌掌心翻轉向上，左食指尖與左眉梢上下成垂直線，兩掌虎口相對。視線注視右掌食指；意在左掌掌心（圖1-31）。

【感覺】

左右兩掌掌心微微蠕動，左腿發脹、發熱。

【用法】

此動作與第三動是前後銜接的動作，當左掌旋轉將對方拿起之後，隨之發右掌擊對方之前胸，這是破上面來手之法。

圖 1-32

第五動　左掌右轉

右臂鬆力，右掌掌心漸翻向上，靠近左肋；左掌以食指引導向右後方轉去，轉到正南方時左腳尖也轉向正南方，身隨步轉；左掌繼續再轉至面向正西時，右腳尖點地，腳跟虛起，兩膝相貼。重心仍在左腿；視線隨左掌食指尖轉向右前方（西北隅）；意在左掌掌心（圖 1-32）。

【感覺】

全身扭轉，有如盤香之螺旋擰勁之感。特別是脊背覺得「背圓力全」，有膨脹之意。此動作是以轉腰為主。

【用法】

如對方將我抱住，我須等他用勁似緊非緊的時候，只需身子一轉，使對方抱不住而被甩出去。

第六動　右掌斜掤

左肩鬆力，使左臂伸直，左掌掌心向左後方（東南方）下按。同時，右腳自動朝右前方（西北方）橫移一步，腳尖虛沾地面。這時左掌以食指引導繼續走弧形向右夠右耳尖，眼神一看左手食。右腳腳跟自動向裏回收，隨

圖1-33　　　　　　圖1-34

之右腳落平，屈右膝，重心移於右腿，左腿伸直，兩腿形
成右弓步式。同時，右掌掌心沿右臂外向右前方移動，移
到左掌的中、四指指尖和右掌脈門相貼為度。視線隨右掌
食指；意在右掌掌心（圖1-33、圖1-34）。

【感覺】

右大腿和小腿發脹、發熱。

【用法】

如對方用左手向我面部或前胸打來，我就用左手輕輕
一粘他的左手腕；同時身子先向右微微一轉，再向左轉
身，同時進右步鎖住對方後腿；右手向前伸，伸到對方的
右肋間貼近，隨即向右後方用斜搠勁搠出。這時對方便被
我發出很遠或摔倒在地。這是破中平擊來的手法。

第七動　右掌反採

右掌以食指引導走外上弧形線向右後（東北隅）上方移

動，左掌大指撫右臂彎處隨著移動。與此同時，左膝鬆力，身往後坐，右腿舒直，腳跟著地，腳尖蹺起，兩腿形成左坐步式。重心集於左腿；視線隨右掌食指；意在右肩井穴（圖1-35）。

圖1-35

【感覺】

左腿發脹、發熱，右手發熱和微有蠕動。

【用法】

如對方用左手向我頭部打來，我就用右手輕輕一貼他的左小臂下邊，之後右腕外旋，手心向上一托；同時上身往後微微一坐，即將對方拿起來了。但須控制對方，使他的重心始終處於不穩定狀態。

第八動　左掌前按

左掌離開右臂向右前方（西北隅）處按出，左食指與鼻尖前後對正為度；右臂內旋，使右掌心轉向上，兩掌虎口相對。同時，右腳落平，隨之屈膝略蹲，重心移於右腿，左腿伸直，兩腿形成右弓步式。視線經左掌食指上方平遠看；意在右掌掌心（圖1-36）。

【感覺】

左右兩掌掌心微微蠕動；右腿發脹、發熱。

【用法】

此動作與第七動是前後銜接的動作，當右掌旋轉將對方

圖 1-36　　　　　　　　　　　圖 1-37

拿起之後，隨之發左掌擊敵前胸。這是破上邊來手之法。

第九動　兩掌內合

　　兩臂鬆力，右掌向前舒展下落與肩平，左掌斜坡向下移到手大指貼右臂彎處。同時，左膝鬆力往後坐身，重心移於左腿，右腿舒直，右腳向左橫移與左腳成前後直線，腳跟著地，腳尖曉起。同時，兩掌向左前移動，身子也微向左轉（面對正西方），右掌掌心轉向裏，與左掌掌心遙遙相對。視線從右掌大指上方向前平遠看；意在右肩井穴（圖 1-37）。

　　【感覺】

　　前胸特別舒暢；左腿發熱、發脹。

　　【用法】

　　此動作係粘、提之暗勁。如對方用左掌擊我胸部時，我先右臂肘關節貼住他的左肘，並用左掌腕部粘住他的左

手腕，同時往自身的左後方微微向上一提，即將對方拿起來了，形成待發之勢。

圖1-38

第十動　右掌下採

左掌以食指引導向右上方斜角移動，到右耳外側，手背靠近右耳孔時，右掌以小指引導向左下方移動到左膝前，掌心向左，指尖向下。兩腳的位置不動，重心仍在左腿。眼向前方（正西方）平遠看；意在左掌掌心（圖1-38）。

【感覺】
左腿發脹、發熱、發酸。

【用法】
如對方將我右腕攬住時，我就將左掌向上方抬起至手背靠近右耳處，這時右臂自然發出一種向下沉採的力量，使對方身子向前傾斜或栽倒。

第十一動　右腳橫移

右腳向右橫移半步，腳跟著地，腳尖蹺起，重心仍在左腿，兩腳形成左坐步式。視線轉向右前方（西北方）；意在左肩井穴（圖1-39）。

【感覺】
左腳如樹植地生根；左大腿發熱、發酸；右掌指尖發脹。

圖 1-39　　　　　圖 1-40

【用法】

以右腳向右前方邁進半步，目的是鎖住對方之後腿，遇機待發之勢。

第十二動　右肩右靠

右掌以食指引導，從左肘前方向右前方舒展；左掌以食指引導，從肘前部向左前方舒展。右膝前弓，到右腳落平時，兩掌在正前方相合，隨即分開，左掌向左後方斜坡下落，右掌則向右前方斜坡上移，以左掌心移到左腳外踝，右掌伸到極度為止。重心在右腳，成右弓步式；視線隨左食指尖；意在右肩井（圖1-40）。

【感覺】

右腿發脹、發熱、發酸；全身力量貫到右肩。

【用法】

以左手撥開前面的干擾，然後用右肩貼近對方胸肋部之後，馬上回頭，這時，右肩自然產生出很大的靠擊勁，

使對方接觸後則跌倒出去。

第十三動　右腕鬆轉
與本式第一動相同（圖
1-41）。
第十四動　左掌斜掤
與本式第二動相同（圖
1-42）。
第十五動　左掌反採
與本式第二動相同（圖
1-43）。
第十六動　右掌前按
與本式第四動相同（圖
1-44）。

圖 1-41

圖 1-42

圖 1-43

第十七動　左掌右轉

與本式第五動相同（圖 1–45）。

第十八動　右掌斜掤

與本式第六動相同（圖 1–46、圖 1–47）。

圖 1–44

圖 1–45

圖 1–46

圖 1–47

圖 1-48

圖 1-49

第十九動　右掌反採

與本式第七動相同（圖 1-48）。

第二十動　左掌前按

與本式第八動相同（圖 1-49）。

七、肘底看捶（二動）

【釋義】

此式名稱為術語，以兩掌均變為拳，在肘下面的拳為主，也稱看式，為防守；上面的拳（捶）為技擊，處於等待之勢，則故取此名。

【動作圖解】

第一動　雙掌按将

右掌以食指引導向右前斜上方（東南）伸出到右膝前，右掌在左掌之前上方。同時，收左腳，向前伸出成正步。繼續以右掌向左後下方将到左膝前，左掌往後移到左

圖 1-50

圖 1-51

胯外側。弓左膝成左弓步式。重心集於左腳；視線隨右掌
食指尖；意在右掌掌心（圖 1-50）。

【感覺】

右掌心與左腳心蠕動。

【用法】

如對方以左掌向我胸前打來，我則以右掌挌住對方左
臂肘部，並以左掌刁住彼左腕；同時上體略微前傾，左右
兩掌刁挌其左臂朝身之左側沉採，使對方向前仆跌。

第二動　左肘上提

左腳不動，坐身成右坐步式。左掌漸變為拳，掌心翻
而向上，由左肋下向右斜上，經過右臂彎向前上方伸出，
以食指中節對正鼻尖為止，掌心向內；同時，右掌變拳向
下鬆撒，以拳眼貼於左肘下為度。重心集於右腳；視線注
於左拳食指中節；意在右拳（圖 1-51）。

【感覺】

右腿發脹、發熱、發酸。

【用法】

見對方來手至胸前，即以前手捋其腕部，隨身子後撤而向後下方沉採（這時對方身向前傾斜）；同時，以左手從肋間握好拳頭，從胸口往前上方衝擊敵之下頜，至肘尖與右手拳眼相觸為度。

八、金雞獨立（四動）

【釋義】

此式是以一條腿支持體重，而另一腿屈膝提起懸垂不落，形如雞之單腿獨立狀態，故取此名。

【動作圖解】

第一動　雙掌滾轉

兩拳同時鬆開變掌，掌心互相翻轉向左前方移動，右掌伸到左肋下，掌心向下，虎口朝後；左掌心向上，虎口朝前。左腳落平，弓左膝成左弓步式。重心移至左腳；視線注於右掌食指指尖；意在左掌掌心（圖1-52）。

【感覺】

左腿發脹、發熱；兩掌掌心蠕動。

圖1-52

【用法】

對方用左拳向我前胸打來，我即用右手腕部（即手心向下，虎口朝後）反扣其腕，並以右肘壓其左肘，同時以左手（手心朝上，虎口朝前）掐其咽喉。

第二動　右掌上掤

右掌以食指尖引導貼在左臂下，向左前方往上舒伸，領腰長身；當右臂彎向前達到左掌下時，提起右膝，右掌指尖上指，

圖1-53

繼續向右轉動。當身轉向正前方時，右掌高舉，掌心向左，指尖向上，左掌指尖下指懸垂於右腳腳跟。身向正東，左腳單腳獨立。眼向正前方平遠看；意在左腳踏地（圖1-53）。

【感覺】

腰部發熱；左腿發酸、發熱；右膝特別有勁。

【用法】

對方以右掌向我面部打來，我以左手刁捋其右腕，同時以右臂粘住對方右臂外側向上挑伸；與此同時，提起右膝，撞擊對方之下腹部。使用此法要慎重。最好知之而不用為妙。

第三動　雙掌滾轉

左膝鬆力向下蹲身。右腳下落，腳跟著地，弓右膝成

右弓步式。同時，右掌心向上，虎口向前；左掌貼於右肘尖外側，掌心向下，虎口向後。重心在右腳；視線注於左掌食指尖；意在右掌掌心（圖1-54）。

圖1-54

【感覺】

右腿發脹、發熱；兩掌掌心蠕動。

【用法】

對方如用右拳向我前胸打來，我即用左手腕（虎口）掌心向下反扣其右手腕，並以左肘壓其右肘；同時以右手（手心朝上，虎口朝前）掐其咽喉。

第四動　左掌上掤

左掌以食指尖引導貼在右臂下，向右前方往上舒伸，領腰長身。當左臂彎向前達到右掌下時，提起左膝。左掌指尖上指，繼續向左轉動。當身轉

圖1-55

向正前方時，左掌高舉，掌心向右，指尖向上，右掌指尖下指懸垂於左腳腳跟，身向正東，右腳單腳獨立。眼向正前方平遠看；意在右腳踏地（圖1-55）。

【感覺】

腰部發熱；右腿發酸、發熱；左膝特別有勁。

【用法】

對方以左掌向我面部打來，我以右手刁捋其左手腕；同時以左臂伸到對方左臂下面朝上挑伸，與此同時，提起左膝，撞擊對方之下腹部（習以防身，不用為妙）。

九、倒攆猴（十動）

【釋義】

此式動作是以退為進，將對方所來之直力化為傾斜或使打旋而敗退，則我形成追趕之勢，故取是名。

【動作圖解】

第一動　右掌反按

左肘鬆垂，肘尖虛對左膝，左掌在耳外側（掌心向右）；右掌以大指引導，向右膝前方按出（掖掌），掌心向外，指尖向下。視線注於右掌掌根；意在右掌掌心（圖1-56）。

【感覺】

腰部發熱；右掌掌心蠕動。

【用法】

如對方以右掌擊我前胸，我右掌掌心由朝上變為朝前；同時手指尖下指，使掌心向外發勁，擊其腹部。但要注意與對方右臂相貼住，不離開為要。

圖1-56

第二動　左掌前按

右掌以大指引導，向左轉摟左膝後鬆垂到右股旁，掌心向下，指尖向前；同時，左腕鬆力變鈎。右膝鬆力向下蹲身。左掌以無名指引導，向正前方按出。左腳向後撤，以左腿舒直為度，腳尖先著地（朝向正東），腳跟往外開逐漸落平；右膝弓成右弓步式，重心移在右腳。視線經左掌大指向前方平遠看；意在右掌掌心（圖1-57）。

圖 1-57

【感覺】

右腿發脹、發熱；兩掌掌心蠕動。

【用法】

對方以右手抄摟我之左腳時，我則以右手手心粘捋住對方之右手腕向後、向右、再向後下沉採，乘對方上身前傾失去重心之際，再以左掌擊其面部或左肋，即腋下神經處。

第三動　左掌下按

左腕鬆力，左掌用指尖向右前方舒緩下按。同時，重心後移於左腳，揚右腳尖。左掌掌心與右腳大趾上下相對；同時，右腕鬆力向上提到右耳外側。重心集於左腳；視線注於左掌食指尖；意在右掌掌心（圖1-58）。

【感覺】

左腿發脹、發熱；兩掌掌心蠕動。

【用法】

對方以右掌向我面部打
來，我則以左掌粘捋其右
臂，向前下方按出；同時坐
左腿，身往後略撤即可，為
準備待發之勢。

第四動　右掌前按

右掌以無名指引導，向
前舒伸；同時，視線離開左
掌食指尖向左前上方移去，
右掌伸到正前方時，立身平
看。右膝鬆力，右腳向後
撤，右腿舒直，腳尖虛點
地。同時，左掌回捋到左膝
外側止，掌心向下。右腳跟
落平，左膝弓成左弓步式。
同時，立右掌，掌心向外，
指尖向上。重心集於左腳；
視線從右掌大指指尖上方平
遠看；意在左掌掌心（圖
1–59）。

圖1–58

圖1–59

【感覺】

左腿發脹、發熱；兩掌掌心蠕動。

【用法】

對方以左掌向我面部打來，我則以左掌捋其左手腕，

先向右，再往身之左後方，向下沉採，使對方失去重心。在對方上身前傾之際，我再以右掌擊其面部或左肋，即腋下神經處。

圖1-60

第五動　右掌下按

右腕鬆力，右掌用指尖向左前方舒緩下按；同時，重心後移於右腳，揚左腳尖。右掌掌心與左腳大趾上下相對；同時，左腕鬆力，上提到左耳外側。重心集於右腳；視線注於右掌食指尖；意在左掌掌心（圖1-60）。

【感覺】

右腳發脹、發熱；兩掌掌心蠕動。

【用法】

對方以右掌向我面部打來，我即將重心移至右腿，身往後略微一撤；同時，以右掌掌心粘貼對方擊來之左臂中部，微微向前下方一按，即可將對方按出。

第六動　左掌前按

左掌以無名指引導，向前舒伸；同時，視線離開右掌食指，向右前上方移去，左掌伸到正前方時立身平看。左膝鬆力，左腳向後撤，左腿舒直，腳尖虛點地。同時，右掌回捋至右膝外側為止，掌心向下。左腳跟落平，右膝弓成右弓步式。同時，立左掌，掌心向外，指尖向上。

重心集於右腳；視線從左掌大拇指指尖上平遠看；意

王培生內功心法太極拳

在左掌掌心（圖 1-61）。

圖 1-61

【感覺】

右腿發脹、發熱；兩掌掌心蠕動。

【用法】

對方以右掌向我面部打來，我則以右掌刁住其右手腕先向左，之後再往身之右後方，向下沉採，使對方失去重心。在對方上身前傾之際，我再以左掌擊其面部或右肋等部。

第七動　左掌下按（與本式第二動相同）（圖略）。
第八動　右掌前按（與本式第四動相同）（圖略）。
第九動　右掌下按（與本式第五動相同）（圖略）。
第十動　左掌前按（與本式第六動相同）（圖略）。

十、斜飛式（四動）

【釋義】

此式兩臂分合閉張等動作，好像大鵬展翅，斜行飛翔於上空，故取此名。

【動作圖解】

第一動　左掌斜掤

左掌以小指引導，掌心向左前上方斜轉，右掌掌心向右後下方。腰微向下鬆，重心仍在右腳；視線注視左掌食指尖；意在右掌掌心（圖 1-62）。

圖1-62

圖1-63

【感覺】

右腿發脹、發熱。

【用法】

如對方以右手打我左臉，我則以左掌掌心粘截其臂彎處。用此法時要注意，左掌不可用力向外推，而應用意使右掌朝右後下方（與左右兩腳成三角形）按地向後撐。

第二動　左掌下捋

左掌以小指引導走左外下弧線，向右移到右膝前為度，掌心向右，指尖向下；右掌以食指引導走外上弧線，向左移到左耳外側為度，掌心向左，指尖向上。重心仍在右腳；視線向正前方平遠看；意在右掌掌心（圖1-63）。

【感覺】

右腿發脹、發熱、發酸；兩掌掌心裏面蠕動。

【用法】

接上動，如對方復以左掌打我右臉，我即以右掌將其左肘托起向前上方移到手背和左耳貼近為度；同時，左掌粘其右臂，向右後下方移動，使手背貼近右膝外側為度。

圖 1-64

第三動　左腳前伸

左膝鬆力，左腳向左前方（東北隅）伸出，腳跟著地，成右坐步式（隅步）。重心仍在右腳；視線注視左前方；意仍在右掌掌心（圖 1-64）。

【感覺】

右腿加重，發熱、發脹。

【用法】

接上動，當對方用左右手打我的左右臉，而被我以右手上托和左手下捋之手法，將其鎖拿住不得動轉，隨之，我將左腳向左前方邁進一步，鎖住對方的後腿。

第四動　左肩左靠

兩肘鬆力，右掌以小指引導向右下垂，左掌以食指引導向左上提。左腳落平，兩掌掌心虛合，弓左膝，兩掌分開，左掌向左前上方移動，以腕與肩平為度，掌心斜坡向內；同時，右掌向右下方虛採，以掌心遙與右腳外踝相對為止。重心集於左腳，成左弓步式（隅步）。視線注視左

掌食指尖；意在左掌掌心（圖1-65）。

【感覺】

左腿發脹、發熱；兩掌掌心蠕動。

【用法】

接上動，當對方的手腳即四肢，全部被我鎖住不能擺脫之際，我即將兩臂向左前、右後方分開，同時弓膝成左弓步，形成斜行飛翔勢，這時對方則應手跌出去。

圖1-65

十一、提手上式（四動）

【釋義】

此式動作是以手臂上起，如提重物狀，故取此名。

【動作圖解】

第一動　半面右轉

視線離開左掌食指尖向右前方移動；同時，身向右轉，面向正南，身向後坐，成左坐步式，左腳尖向右轉（腳尖向東南）。同時，右掌向左上方移動，至拇指尖遙對鼻尖；左掌向後移動，拇指貼於右臂彎，兩掌掌心遙遙相對。重心在左腳；眼從右大指尖上方平遠看；意在右掌掌心（圖1-66）。

【感覺】

左腿發脹、發熱；兩掌掌心蠕動。

王培生內功心法太極拳

圖 1-66

圖 1-67

【用法】

如對方以左拳向我面部打來，我則以左掌粘其左腕，並用右肘粘其左肘，這時身子微微向右轉動；同時，收腹，身往後略微一動，便會把對方提拿起來。

第二動　左掌打擠

右腳漸向下落平，右膝弓出成右弓步式，左腿舒直成箭步。同時，左掌以掌心向前推出，右掌以小指尖引導而向下鬆，肘尖即向上移，以指尖與肘尖橫平為度，此時右掌的掌心向內，指尖向左，而左掌則推在右腕脈門處打擠，掌心向前，指尖向上，食指尖遙對鼻尖。

重心集於右腳；眼從左掌食指尖上方向前平遠看；意在左掌掌心（圖 1-67）。

【感覺】

全身力量由腳而腿而腰，達於脊背，行於手指，並覺

氣勢完整一體。

【用法】

接上動，我右臂屈成 90 度，使右手背與對方前胸相觸後，隨即以左手扶右手脈門處，一同向前擠出；同時，脊背微微向後一倚，兩眼向前平遠看。這時對方則被擠出很遠。

圖1-68

第三動　右掌變鈎

右掌五指聚攏變鈎，向前上（微偏右）提，身隨腕而上長。左腳虛淨，隨身之上長而收至與右腳相齊。同時，左掌下按，至大指橫貼於臍下為止。視線與意均在右腕（圖1-68）。

【感覺】

當五指聚攏時，右小腿之緊張，猶如汽車踩塞帶抱瓦之感；右掌掌心蠕動。

【用法】

如對方以右拳擊我前胸，我則以左掌掌心向下，粘住對方之右小臂，向下沉；同時，將右手的五指微鬆，形成虛鈎，然後以右手腕部向其下頜提擊。

第四動　右鈎變掌

右鈎上提，以小指引導漸向上翻轉變掌，掌心向外前上方，指尖斜向左上方。重心仍在右腳；眼從右掌食指尖上面仰視遠方；意在右掌掌心（圖1-69）。

【感覺】

胸部舒暢；兩掌掌心發熱、蠕動。

【用法】

接上動，當我用右手腕提擊對方之下頜時，對方略微向後移動，化開了我的腕打。這時，我即順勢將右鈎變成掌，掌心翻轉向上，仍追其下頜上提擊。

圖1-69

十二、白鶴亮翅（四動）

【釋義】

此式動作之運轉形勢，有如鶴之展翅，故取此名。

【動作圖解】

第一動　俯身按掌

視線注視右掌食指尖，逐漸向前俯身，俯至右掌（掌心向外）與肩相平時，視線改為注視左掌食指指尖，左掌向下按至極度為止。俯身時兩腿直立，膝部不屈。重心平均在兩腳；意在左掌掌心（圖1-70）。

【感覺】

兩腿膕窩肌腱拽得發酸疼；

圖1-70

兩掌掌心發熱。

【用法】

接上動，當我以右掌向上托對方下頷，沒托著落了空，隨之，上體微向前俯身；同時，以右掌掌心從下向上、向前、向下撲按對方之面部。

圖1-71

第二動　向左扭轉

右膝鬆力，左手指尖下垂（視線仍在左掌食指），以大指引導掌心向左翻轉，而逐漸向外轉至正東到左腳心外側為度。視線移於左掌中指尖；同時，右掌亦隨上身轉向正東，掌心向外。重心集於左腳；意在左掌掌心（圖1-71）。

【感覺】

兩肋舒張；掌心蠕動；左腿膕窩發熱、發脹、發酸。

【用法】

如對方從我身之左側以右掌擊我面部或摟我脖頸時，我則向左扭轉身軀；同時，以右掌由對方的右臂下面抄起，使右腕粘其腕部，不可脫離為要。

第三動　左掌上掤

左掌以中指引導向外舒伸到極度，左臂自然上起，左掌升至頭頂以上向右前上方轉正（仍向正南）；同時，右掌隨而轉正，兩掌掌心向外，十指均上指。

重心仍在左腳；眼由兩掌中間向前上方仰視；意在兩

王培生內功心法太極拳

掌掌心（圖1-72）。

【感覺】

兩肋部特別舒暢；兩掌十指指尖發脹、發熱。

【用法】

接上動，當我以右手腕粘住對方之右腕，保持姿勢不變；同時，將左臂緊貼對方右臂外側向上抬起，抬到左肘略高於對方之右肘上面為度。

圖1-72

第四動　兩肘下垂

兩膝鬆力，漸向上蹲身，肩、肘、腰、胯各部均鬆力，兩肘尖漸漸下垂，兩掌漸隨肘落而向內轉至兩腕與肩平，掌心轉向內為止。重心平均在兩腳；眼從兩掌中間平遠看；意在兩掌指尖（圖1-73）。

【感覺】

全身輕鬆舒適；兩掌掌心發熱，指尖發脹。

圖1-73

【用法】

接上動，我之左肘與對方之右肘上下相貼時，隨即左臂內旋，使掌心轉向後方；同時，右手粘住對方之右手腕，手掌隨轉隨向上伸，右肘同時下沉，使掌心轉向後

方；與此同時，屈膝略蹲。這時
對方右肘被我滾肘下壓而其仆伏
在地。

十三、海底針（四動）

【釋義】

此式以手指喻為金針而點刺
對方之腋下神經之穴，其名海底
穴，故以此為名。

圖 1-74

【動作圖解】

第一動　左掌下按

左掌以小指引導向左前下方按出，此時掌如扶物，以
左臂舒直為度；同時，右腕鬆力，腕在右耳旁，掌心向
下，指尖向前，上身隨視線（看左掌食指尖之轉動面向左
轉）。重心集於右腳；視線不離左掌食指尖；意在左掌掌
心（圖 1-74）。

【感覺】

右腿發脹、發熱；兩掌掌心蠕動。

【用法】

如對方想用右腿踢我左腿，待其剛剛提膝時，我即以左
掌掌心輕輕扶在其右膝蓋上面，但不可用力去按；如果對方
右腿還要使勁硬踢的話，那麼他自己便會倒退出去很遠。

第二動　右掌前按

左腳向左前移半步（面向正東），腳跟先著地，腳尖
逐漸落實，弓左膝成左弓步式。同時，右掌自右耳旁以無

王培生内功心法太極拳

名指引導向正前（正東）按
出，掌心向外，大指遙對鼻
尖。同時，右腳跟微向外開，
左掌在左膝外側。

圖1-75

　　重心集於左腳；眼經右大
指上方平遠視；意在右掌掌心
（圖1-75）。

　　【感覺】
　　左腿發脹、發熱；兩掌掌
心蠕動。
　　【用法】
　　見對方右腿向我腿部踢來
落空而剛剛落地之際，我急進
左步，以左膝外側貼其右膝內
側；同時，以右掌奔向其面部
或前胸推出，則對方應手而跌
倒出去。

圖1-76

第三動　右掌前舒
　　身向後坐，重心移於右腳
成右坐步式。同時，右腕鬆
力，右掌指尖前指，掌心向
左。視線從右掌大指尖上方正前平遠看；意在右掌掌心
（圖1-76）。
　　【感覺】
　　右腳如樹植根；右掌心與左腳心蠕動。

【用法】

如我右手腕被對方捋拽時，我即隨其拽勁，將右臂和腕部放鬆，並以手指指尖向前舒伸；同時，上體微微後倚，尾骶骨對正右足跟向下坐身，這時對方反被我拽起。

第四動　右掌下指

鬆腰，右掌腕部鬆力，指尖漸向兩膝間下指，掌心向左，指

圖 1-77

尖向下；左掌以食指引導斜右上，食指尖到右耳外側為度，掌心向右，指尖向上。同時，左膝鬆力，左腳撤到右腳外側，腳尖虛著地，重心仍在右腳；視線向正前平遠看；意在右掌掌心（圖 1-77）。

【感覺】

右腿發脹、發熱、發酸。

【用法】

接上動，當我的右手腕被對方以右手拽住時，我即將右手腕放鬆，使手指尖向下引伸，含有插入地中之意；同時，屈膝略蹲，並以左掌往前伸出，點刺敵之腋下神經。

十四、扇通背（臂）（二動）

【釋義】

此勢名稱之由來，係根據它的腰部及兩臂之象形動作而取。即以腰比喻為摺扇之扇軸，兩臂比喻為扇幅，所以

腰一轉動而兩臂橫側展開，猶如
摺扇之突然放開與突然收合一
般，故取是名。

【動作圖解】

第一動　兩掌前伸

重心不動，右掌以食指指尖
引導漸向前上方移動，以臂與肩
平為度，掌心向左；左掌由右耳
側移至右臂下，以掌心順右臂向
前伸長；同時，右掌掌心漸翻
下，與左掌掌心虛相合。視線注

圖 1-78

於右掌食指尖；意在右掌掌心（圖 1-78）。

【感覺】

右腿發脹、發酸。

【用法】

如對方以右拳向我前胸打來，我則以右掌粘其右肘外
側，向上擎起，高過頭頂；同時，上身微微向右一轉，再
將左腳向前邁進一步，使左大腿貼近對方的右大腿，這
時，對方已被我拿起來。

第二動　左掌前按

伸左腳，腳跟虛著地，腳尖向右轉（腳尖向正南）落
平。兩掌分開，左掌以食指引導向左前方按出，掌心向
外，指尖向上；右掌與左掌分開後，亦以小指引導向右後
上方掤去，右肘彎曲，右掌食指斜指右眉梢。同時，鬆腰
向下蹲身，右腳向左轉成騎馬步式。重心在兩腳；視線從

右掌食指尖上方平遠看；意
在左掌掌心（圖 1-79）。

【感覺】

前胸舒暢；兩腳如樹植
地生根，特別有勁。

【用法】

接上動，我以右掌把對
方的右臂架起和左腳鎖住對
方後腿，然後，坐身蹲成馬
襠步，並以左掌進擊其右肋
下或胸部。

圖 1-79

十五、左右分腳（十二動）

【釋義】

此式所謂分腳，即指腳踢出時，要求腳背繃平、腳尖
挑起而左右分踢之意，故取此為名。

【動作圖解】

第一動　兩掌虛合

左掌以小指引導向下往回收撤，掌心轉向上，到胸前為
止；右掌鬆力，向前下落到胸前，臂與肩平，掌心向下與
左掌虛對（上下距離六寸）。同時，長腰立身，收左腳
（腳跟約離右腳一寸），腳尖虛著地，成虛丁步。重心集
於右腳；視線注於右掌食指尖；意在右掌掌心（圖 1-
80）。

【感覺】

右腿發熱；兩掌掌心發熱而蠕動。

圖 1-80

圖 1-81

【用法】

如對方以右拳向我前胸打來，我則以左掌掌心向上使虎口粘住對方的右手腕；同時，在自己意識中應把對方的右臂比喻為馬的韁繩看待，這樣容易掌握自己的重心穩固和對方重心的虛實變化。

第二動　兩掌右伸（左高探馬）

右膝鬆力，向下蹲到極度，左腳向左前方伸出，腳跟先著地，逐漸落平，右掌繼續走外弧形移到右前方為止。右掌在外，掌心向下，左掌在右臂彎處。掌心向上。重心集於左腳，視線注視右掌食指尖，意在右掌掌心（圖1-81）。

【感覺】

左腿發脹、發熱；左掌心與右腳心蠕動。

【用法】

接上動，我將對方打來的右拳，用左掌（掌心向上）

反粘其右腕；同時，向左前方
邁進一步，並以右掌（掌心向
下）朝對方右肩靠近脖頸輕輕
一敷，這時，對方重心已失，
身子傾斜。

圖1-82

第三動　右掌回捋

右掌以小指引導走內弧
形，漸向左下方移動，以手背
貼在左膝蓋左側為止，掌心向
左；同時，左掌以食指引導漸
向右上方移動，到右耳外側為止，掌心向右。當右掌移到兩
膝中間時，右腳腳跟向右開成左弓步式（隅步）。重心仍在
左腳；視線注視右掌食指尖；意在右掌掌心（圖1-82）。

【感覺】

左腿發脹、發熱、發酸；右膕窩肌腱拽得酸痛。

【用法】

接上動，當我右掌輕輕一敷對方之右肩，然後經後脖
頸繞至其左肩，再向左後下方回捋，使手背貼在左膝外
側；與此同時，左掌向右上方走弧形托其右腕（保持不離
開），使左手背靠近右耳。這時，對方已被我拿得呈頭朝
下、腳朝上的狀態，或滾倒在地。

第四動　兩掌交叉

右掌以大指引導，掌心先轉向內，由下向上方移動，
掌心復漸轉向外，走上弧形，繼續向左前（東北隅）方移

動，到腕與肩平為止；同時，
左掌以食指引導漸向左上方移
動到左前方與右腕交叉，右掌
在外，左掌在內，掌心均向
外。重心仍在左腳；視線由交
叉的兩掌中間平遠看；意在右
掌掌心（圖1-83）。

圖1-83

【感覺】

兩肋伸展舒暢；兩掌食指
指尖發脹、發熱。

【用法】

如對方發右掌向我頭部打
來，我則以左掌刁採其右腕，
然後右掌從對方右臂外側的下
面往上抬起，和左掌交叉搭成
十字狀，架住對方之右臂，使
它不能落下為度。

圖1-84

第五動　兩掌高舉

兩掌以小指引導，同時向
左前上方舉過頭頂。同時，身
隨臂起，右膝提起（右膝蓋與
胯平），右腳垂懸，左腳獨立。視線由交叉兩腕下方平遠
看；意在右掌掌心（圖1-84）。

【感覺】

左腳似植地生根；兩掌指尖發熱、發脹。

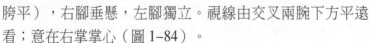

【用法】

接上動，兩掌舉過頭頂，架住對方右臂；同時，提起右膝，以備待發。

圖1-85

第六動　兩掌平分

兩掌以指尖引導走上弧形，向右前、右後斜角分開，以掌與肩平為度，右掌掌心向左，指尖向前（東南隅）；左掌掌心向右，指尖向後（西北隅）。同時，右腳向右前方踢出，腳面繃平，腳尖上挑，與右臂上下成平行直線。重心在左腳；視線注於右掌大指尖；意在左掌掌心（圖1-85）。

【感覺】

左腳五趾抓地；右腳力貫腳尖；兩掌掌心發熱。

【用法】

接上動，右臂架住對方之右臂不可脫離；同時，左掌向左後方伸展，這時，右腳則自動地會向前點踢敵之前胸或右肋等部位。

第七動　兩掌虛合

左膝鬆力，鬆腰蹲身，右腳跟著地成左坐步式。同時，兩肘鬆力，右掌以小指引導向右後方往下反捋，到手背接近右膝上方為止，掌心向上，指尖向左；左掌以食指引導向右前方虛接到右掌之上方為止，掌心向下，指尖向右，兩掌上

下相對。在兩掌移動之同時，
漸弓右膝成右弓步（隅步）。
重心在右腳；視線先隨右掌食
指，及左掌與右掌虛合時，注
視左掌食指指尖；意在左掌掌
心（圖1-86）。

【感覺】

右腿發脹、發熱；兩掌掌
心發熱和蠕動。

【用法】

對方以左掌向我前胸打
來，我則以右掌（掌心向上）反粘住其手腕。此時，在意
識上應把對方的左臂喻成馬的韁繩看待。

圖1-86

第八動　兩掌左伸（右高探馬）

左掌繼續走外弧形移到左
前方為止，左掌在外，掌心向
下；右掌在左臂彎處，掌心向
上。重心集於右腳；視線注於
左掌食指尖；意在左掌掌心
（圖1-87）。

【感覺】

右腿發脹、發熱；右掌掌
心和左腳心蠕動。

【用法】

接上動，在我將對方打來

圖1-87

的左拳以右掌粘住其手腕之同時，向右前方邁進一步，並以左掌（掌心向下）朝對方左肩靠近脖頸輕輕一扶。此時，對方的身子傾斜，已失掉了重心。

圖1-88

第九動　左掌回捋

左掌以小指引導走內弧形漸向右下方移動，以手背貼在右膝蓋右側為止，掌心向右；同時，右掌以食指引導漸向左上方移動到左耳外側為止，掌心向左。當左掌移到兩膝中間時，左腳腳跟向左開成右弓步式（隅步）。重心仍在右腳；視線注於左掌食指尖；意在右掌掌心（圖1-88）。

【感覺】

右腿發脹、發熱、發酸，左腿膕窩肌腱拽得酸痛。

【用法】

接上動，當我左掌輕輕一扶對方之左肩，然後經後脖頸繞至右肩，再向右後下方回捋，將手背貼在右膝外側；同時，右掌由右向左上方走弧形托其左腕，將左手臂靠近左耳。此時，對方已被我拿得呈頭朝下、腳朝天的狀態，或滾倒在地。

第十動　兩掌交叉

左掌以大指引導，掌心先轉向內，由下向上方移動，掌心復漸轉向外，走上弧形，繼續向右前（西南隅）方移動到

腕與肩平為止；同時，右掌以食指引導，漸向右上方移動到右前方與左掌交叉，左掌在外，右掌在內，掌心均向外。重心仍在右腿；視線由兩掌交叉中間平遠看；意在左掌掌心（圖1-89）。

圖1-89

【感覺】

兩肋伸展舒暢；兩掌十指指尖發脹、發熱。

【用法】

如對方發左掌向我頭部打來，我則以右掌刁採其左腕，然後以左掌由對方左臂外側的下面往上抬起，和右掌交叉搭成十字狀架住對方之左臂，使它落不下來為要。

第十一動　兩掌高舉

兩掌以小指引導，同時向右前上方舉過頭項。同時，身隨臂起，左膝提起（左膝蓋與胯平），右腳獨立。視線由交叉兩

圖1-90

腕下方平遠看；意在右掌掌心（圖1-90）。

【感覺】

右腳如樹植地生根；兩掌指尖發脹、發熱。

【用法】

接上動，兩掌高舉過頭頂，始終保持架住對方的左臂，既和它不脫離，又不叫它落下來；同時，提起左膝準備待發。

圖 1-91

第十二動　兩掌平分

兩掌以指尖引導走上弧形，向左前、右後斜角分開，以掌與肩平為度，左掌心向右，指尖向前（東北隅）；右掌心向左，指尖向後（西南隅）。同時，左腳向左前方踢出，腳面繃平，腳尖挑起，與左臂上下成平行直線。重心在右腳；視線注於左掌大指尖；意在右掌掌心（圖 1-91）。

【感覺】

右腳五趾抓地，左腳力貫腳尖；兩掌掌心發熱。

【用法】

接上動，我左臂架住對方左臂使不可脫離；同時右掌向右後方伸展，左腳則自動地會向前點踢敵之前胸或左肋等部位。

十六、轉身蹬腳（四動）

【釋義】

此式從前方往左轉向後方，轉成 180 度（是以單腳支撐體重，屬於平衡動作），然後把腳蹬出，故取是名。

【動作圖解】

第一動　兩拳交叉

左膝鬆力，左腳懸垂。兩臂鬆力，各以小指引導向前合，逐漸變為拳，到正前方兩拳以腕部左右交叉，左拳在外，右拳在內。重心仍在右腳；視線從兩拳中間平遠看；意在左拳（圖1–92）。

【感覺】

右腿小腿肌腱緊張，增強有勁；兩肋舒暢。

【用法】

接上動，如對方以右手捋住我之左手腕或向我面部打來時，我則以兩掌變兩拳，屈臂，沉肘；同時，使兩臂內旋，然後交叉十字停於胸前；左腳屈膝垂懸不落。此時，對方已被我拿起來。

圖1-92

圖1-93

第二動　提膝轉身

左膝往左後上提（膝與胯平），以後腳腳跟為軸，向左後方轉身（西北隅），右腳尖向左轉向正北。兩拳交叉不變。重心仍在右腳；視線仍由兩拳中間平遠看；意在右拳（圖1–93）。

【感覺】

兩肋舒鬆暢通；背脊和腰部有勁，並且顯著身輕。

【用法】

如對方自身後以右掌向我頭部打來，我則急忙向左轉換身形。這時，在意識上要特別注意自己的重心穩定，以便於動作的變化，自如為要。

圖1-94

第三動　兩掌高舉

兩臂鬆力，兩拳往前上方伸舉，翻轉而變為掌（指尖向上），掌心均向外。重心仍在右腳；意在左掌（圖1-94）。

【感覺】

右腿發脹、發熱；兩掌十指指尖發脹、發熱。

【用法】

接上動，我轉過身來，急忙用右手粘住敵之右手腕，不可脫離；同時，左臂和右臂往上抬起，再左右兩掌架住敵之右臂，以備待發。

第四動　兩掌平分

兩掌以指尖引導走上弧形，向左前、右後斜角分開，以掌與肩平為度，左掌掌心向右，指尖向前（西南隅），右掌掌心向左，指尖向後（東北隅）。同時，左腳向左前方蹬出，與左臂上下成平行直線。重心在右腳；視線注於

左掌大指；意在右掌掌心（圖
1-95）。

【感覺】

右腳五趾抓地，左腳力貫腳
跟；兩掌掌心發熱。

【用法】

接上動，當我兩掌高舉之
後，再用右手粘住敵之右腕往後
牽引，再以左掌劈擊敵之面部；
同時，發左腿，以左腳跟照定敵
之右胯骨頭處蹬之即可，敵則被
我蹬出很遠。

圖1-95

十七、進步栽錘（六動）

【釋義】

此式以拗步前進，右拳猶如
握一樹苗，往左腳前方似有深坑
向下栽植，故取此名。

【動作圖解】

第一動　左掌下按

右膝鬆力，鬆腰蹲身，左腳
下落，腳跟著地成右坐步式。左
掌隨左腳之下落而下按；同時，
鬆右腕，虛提到右耳外側。重心
在右腳；視線隨左掌食指；意在
左掌掌心（圖1-96）

圖1-96

【感覺】

右腿發脹、發熱；右掌心與左腳心蠕動。

【用法】

對方如用右順步沖拳朝我前胸打來，我則以左掌截其右臂中節；然後進左步向其襠內落下，以腳跟著地，腳尖蹺起，重心在右腿；同時，提右手腕使虎口與右耳孔對正，準備發招。

第二動　右掌前按

左腳尖逐漸落實，弓左膝成左弓步式。同時，右掌從右耳旁以無名指引導向前（正西）按出，掌心向外，大指指尖遙對鼻尖。同時，右腳跟微向外開。左掌在左膝外側，掌心向下，指尖向前。重心集於左腳；視線經右大指尖上方平遠看；意在左掌掌心（圖1-97）。

【感覺】

左腿發脹、發酸、發熱；
兩掌掌心蠕動。

【用法】

接上動，我以左掌沉採對方之右臂彎處；同時，以右掌向對方面部按出；此時左腳落平，屈膝，後腿伸直成左弓步，對方則應手而跌倒出去。

圖1-97

第三動　右掌下按

左掌以食指尖引導向前下

圖1-98

圖1-99

按至左膝前為止；同時，左腕鬆力，上提至左耳旁。重心仍
在左腳；視線在右掌食指尖；意在右掌掌心（圖1-98）。

【感覺】

左腿發熱、發脹。

【用法】

對方如用左順步掌向我面部打來，我則以右掌按住對
方之左臂彎處；同時，進右步鎖住對方左腿，提起左掌靠
近左耳旁，以備發招。

第四動　左掌前按

抬頭，視線逐漸向前平看，提頂，立腰，虛右腳跟，
鬆右膝，右腳向前邁出，落平成右弓步式。同時，左掌向
前按出，掌心向外，大指尖遙對鼻尖。同時，左腳跟微向
外開。右掌在右膝外側，掌心向下，指尖向前。重心集於右
腳；眼經左大指上方平遠視；意在右掌掌心（圖1-99）。

【感覺】

右腿發熱和酸脹；兩掌掌心蠕動。

【用法】

接上動。我用右掌採住對方之左臂；同時，發左掌向對方面部擊按，右腳也隨之放平，弓膝，左腿在後伸直，形成右弓步，對方則應手跌出很遠。

圖1-100

第五動　左掌下按

左掌以食指引導向前下按至右膝前為止；同時，右腕鬆力，向上提至右耳旁。重心仍在右腳；視線注於左掌食指尖；意在左掌掌心（圖1-100）。

【感覺】

右腿發脹、發熱。

【用法】

對方如用右順步掌朝我面部或胸部打來，我則以左掌按住對方之右臂彎處，不可離開為要；同時，進左步鎖住對方之右腿，隨之提起右掌靠近右耳，準備發招。

第六動　右拳下栽

抬頭，視線逐漸向前平視，提頂立腰，虛左腳跟，鬆左膝，左腳向前邁出，腳跟先著地，然後腳掌逐漸落平成左弓步式。同時，左掌摟膝後，右掌變拳隨左膝之前弓而向下方伸到左腳前為止，拳眼向後，左掌虛貼右臂（腕後

肘前）。重心在左腳；視線注
於右拳食指中節；意在右拳拳
面（圖 1–101）。

【感覺】

左腿發脹、發熱、發酸。

【用法】

如對方以右拳擊我面部，
我則以右手順其來勢反握其右
腕，並以左手扶其右臂彎處，
兩手同時微做內旋動作，使其
臂腕彎曲貼近右肩時，我邁進

圖 1–101

左步，再握其右腕向左足前往下栽植。此時對方則應手倒
跌，翻滾在地。

十八、翻身撇身錘（二動）

【釋義】

此式指身體由前往後轉 180 度，與兩臂之錘、掌所運
用的離心力，向外拋出之形態而言，故取此名。

【動作圖解】

第一動　右拳上提

右拳向前往上舒長，拳眼漸漸翻轉向下。右拳高過眼
時，左腳以腳跟為軸，腳尖向右轉至正東。右肘鬆力，以
肘尖引導向右後方轉去。身隨臂轉向正東，重心在左腳，
右腳跟虛起。當左掌隨右拳提至正北時，左掌掌心撫在右
肘彎上，繼續隨轉。視線先注視右拳，轉向正北時注視右
肘；意在右肘肘尖（圖 1–102、圖 1–103）。

圖1-102

圖1-103

【感覺】

左腿發脹、發熱、發酸；右肘尖有勁；背脊發熱。

【用法】

如對方自我身後撲來，我急轉身；同時，屈肘以肘尖擊其胸肋部。另一種用法是，對方以右拳朝我迎面打來，我則以右手採其右腕（使其掌心向上），左手輔佐之；同時，以左肩緊貼其右肋（作支點），隨繼向右方轉身，重心仍在左腿，左腳尖虛沾地面。

第二動　右肘下採

右腳跟向左收正，向右橫開（正步），腳跟著地，弓右膝成右弓步式。右拳隨之下垂與膝蓋平，拳眼向上，左掌掌心撫在右拳拳眼之上。重心在右腳；視線先隨左掌食指尖，前腳落平時弓右膝，抬頭平遠看；意在右拳（圖1-104）。

【感覺】

右腳發脹、發熱；左腿膕窩肌腱抻得酸痛。

【用法】

接上動，右腳向右橫開半步；同時，兩手採其右腕向前往下沉採，這時，重心移至右腿。此時，對方之右臂由於拗住勁，只有隨抒而跌出，否則一較勁，其臂會斷。

圖 1-104

十九、二起腳（六動）

【釋義】

此式指左右兩腳逐遞連續起落而言，故取是名。

【動作圖解】

第一動　翻掌出步

左掌以小指引導循右拳外面向下翻轉，掌心向上；右拳心微轉向下，與左掌掌心虛對。左膝鬆力，左腳向左前伸出，腳跟著地，成右坐步式（隅步）。重心在右腳；視線注於右拳食指中節；意在右掌（圖 1-105）。

【感覺】

右腿發脹、發熱；左掌心和左腳心蠕動。

圖 1-105

【用法】

如對方將我右手腕攥住，我則以左手按其手背做內旋沉採；同時，右拳鬆開變掌，粘其手指，做外旋上掤（此為擒拿手法，名叫白蛇吐信）；同時，邁出左步，含有踹其脛骨之意。

圖1-106

第二動　兩掌右伸

左腳逐漸落平，弓左膝成左弓步式。同時，右拳鬆開變掌，繼續走外弧形移到右前為止，右掌在外，掌心向下；左掌在右臂彎處，掌心向上。重心集於左腳；視線注於右掌食指尖；意在右掌掌心（圖1-106）。

【感覺】

左腳發脹、發熱；左掌與右腳心蠕動。

【用法】

接上動，我以左掌將對方之右手往外支開；同時，右掌（掌心向下）伸向對方右肩靠近脖頸輕輕一扶。這時，對方之身體重心已傾斜，處於不穩定之狀態。

第三動　右掌回捋

右掌以小指引導走內弧形，漸向左下方移動，以手背貼在左膝蓋左側為止，掌心向左；同時，左掌以食指引導，漸向右上方移動到右耳外側為止，掌心向右。當右掌移到兩膝當中時，右腳腳跟向右開成左弓步式（隅步）。

重心仍在左腳；視線注於右食指尖；意在右掌掌心（圖1-107）。

圖1-107

【感覺】

左腿發脹、熱、酸，右腿膕窩肌腱抻得酸痛。

【用法】

接上動。我以右掌從對方之後肩經後脖頸繞至左肩，再向左後下方回捋，將右手背貼在左膝外側；與此同時，左掌由左向右上方走弧形，托其右臂，使左手背靠近右耳。這時對方已被摔倒在地。

圖1-108

第四動　兩掌交叉

右掌以大指引導，掌心先轉向內，由下向上方移動，掌心漸漸向外，走上弧形，繼續向前方（東北隅）移動到腕與肩平為止；同時，左掌以食指引導，漸向左上方移動到左前方與右腕交叉，右掌在外，左掌在內，掌心均向外。重心仍在左腳；視線由交叉的兩掌中間平遠看；意在右掌掌心（圖1-108）。

【感覺】

兩肋伸展舒暢；兩掌指尖發脹、發熱。

【用法】

如對方發右掌向我頭部打來，我則以左掌刁捋其右腕，然後以右掌從對方右臂外側的下面往上抬起，和左掌交叉搭成十字狀，架住對方之右臂，使它不能下落為度。

圖1-109

第五動　兩掌高舉

兩掌以小指引導，同時向左前上方舉過頭頂。同時，身隨臂起，右膝提起（右膝蓋與胯平），右腳垂懸，左腳獨立。視線由交叉兩腕下方平遠看；意在左掌掌心（圖1-109）。

【感覺】

左腳似樹植地生根，兩掌指尖發脹、發熱。

【用法】

接上動。我以左右兩掌交叉，架住對方之右臂，和它粘住不要離開；同時，提起右腿屈膝，右腳垂懸不落，準備待發。

第六動　兩掌平分

兩掌以指尖引導走上弧形，向右前、左後斜角分開，以掌與肩平為度，右掌掌心向左，指尖向前（東南隅）；左掌掌心向右，指尖向後（西北隅）。同時，右腳向前方蹬出，與右臂上下成平行直線。重心在左腳；視線注於右掌大指尖；意在右掌掌心（圖1-110）。

【感覺】

五趾抓地，左腳力貫腳跟；兩掌掌心發熱。

【用法】

接上動。使右臂架住對方之右臂，不要脫離開；同時，左掌向左後方伸展坐腕，這時，右腳則自動地向前蹬出（腳尖朝天），以腳跟對準對方的右胯骨頭處蹬之。

圖1-110

二十、左右打虎式（四動）

【釋義】

此式雙拳並舉，披身閃展，形如打虎，故取是名。

【動作圖解】

第一動　兩掌合下

右膝鬆力屈膝，右腳尖垂懸。左掌以食指引導，掌心翻轉向下往右合；右掌亦以食指引導，掌心翻轉向下往左合，一同伸向左前方（東北隅），左掌在前，右掌在後（右大拇指貼於左臂彎右側）。左膝鬆

圖1-111

力向下蹲到極度，右腳向右後（西南隅）撤，腳跟著地。重心在左腳；視線注於左掌食指尖；意在左掌心（圖1-111）。

【感覺】

兩肋空鬆舒適；左掌心與右腳心蠕動。

【用法】

如對方以右拳擊我前胸，我則以右手将其右腕，左手採其右肘向右下方将出；同時，右腳向右後方退一步。這時，對方的身體重心已傾斜不穩了。

第二動　兩拳並舉

兩掌向右撤将，将到左膝前時，右腳尖向右（正南）落平，兩掌将到兩膝中間時，重心平均於兩腳成蹲襠式；将到右膝前時，弓右膝，左腳尖向右轉（正南）。同時，兩掌漸變為拳向右前方伸出，右拳在前，拳眼向左前方（正東）；左拳拳眼向上，貼於右肘下。重心在右腳；眼向左前方（東南隅）平遠看；意在右拳（圖1-112）。

【感覺】

右腿發脹、發熱；兩肋舒鬆暢快。

【用法】

接上動。當我右腳跟剛著地時，即行向右轉身（兩掌将採之動作要與撤步、轉身等動作協調一致）。這時，對方便會跌出很遠。然後，我兩掌握拳高舉，弓步披閃，形成準備進攻或防守之勢。

第三動　兩掌回将

右腳尖向左轉（正東），身則隨轉向東南。兩拳向左前方（東南）舒伸變掌，右掌在前，左掌在後（左大指貼在右臂彎左側），兩掌掌心均向下。右膝鬆力向下蹲到極

圖 1-112

圖 1-113

度，左腳向左後方（西北隅）撤，腳尖著地。重心集於右腳；視線先隨右拳，變掌後則注視右掌食指尖；意在右掌掌心（圖1-113）。

【感覺】

右腿發脹、發酸、發熱；右掌心與左腳心蠕動。

【用法】

如對方以左拳擊我前胸，我則以左手将其左手腕，右手採住左臂彎，向左後下方将出；同時，左腳向左後下方撤一大步。這時，對方的身體已傾斜不穩了。

第四動　兩拳並舉

兩掌向左撤将，将到右膝前時，左腳跟向右（內）收向正北平落；兩掌将到兩膝中間時，重心平均於兩腳，成蹲福式；将到左膝前時，弓左膝，右腳向右開向正北。同時，兩掌漸變為拳，向左前方伸出，左拳在前，拳眼向右

眼方（正東）；右拳拳眼
向上，貼在肘下。重心在
左腳；眼向左前方（東北
隅）平遠看；意在左拳
（圖1-114）。

圖1-114

【感覺】

左腿發脹、發熱、發
酸；兩肋舒鬆暢快。

【用法】

接上動。當左腳剛剛
著地，即忙向左轉身（兩
手採之動作和撤步、轉身等動作要配合協調一致）。這時
對方已跌出很遠。然後我兩掌握拳高舉，形成弓步、披閃攻
防之勢。

二十一、雙風貫耳

【釋義】

此式以左右兩拳，由身後到身前，貫擊對方兩耳，故
取此名。

【動作圖解】

第一動　兩拳高舉

右拳循左肘外側，向左前方舒伸（身隨臂起）到極度
時，右膝提起，腳尖懸垂。兩腕交叉，兩拳上舉過頭頂，
右拳在外，左拳在內，拳心均向外。左腳獨立支持體重；
眼由交叉兩拳之中間平遠看；意在右拳（圖1-115）。

圖1-115

圖1-116

【感覺】

左腳如樹植地生根；脊背發熱。

【用法】

如對方以右腳踩踏我之右腿時，我即將兩拳高舉過頭頂，這時右腿自然會很輕靈地提起來，以作待發腿蹬出之勢。

第二動　兩掌平分

兩拳變掌，各以小指引導向右前左後斜線平分。右腳以腳跟向右前（東南隅）蹬出，與右臂上下成平行直線。右掌掌心向左，指尖向前（東前隅）；左掌掌心向右，指尖向後（西北隅）。重心在左腳；視線注於右掌大指尖；意在左掌掌心（圖1-116）。

【感覺】

左腳五趾抓地，右腳力貫腳跟；兩掌掌心發熱。

【用法】

接上動。當我提起右腳躲開了對方踩踏，然後，兩掌向右前和左後方向分展；同時，右腳也自然地會向對方的右髖骨頭處蹬出。這時，對方便會被蹬出很遠。

圖 1–117

第三動　兩掌下採

左膝鬆力，向下蹲身，右腳腳跟虛沾地，成左坐步式。兩臂鬆力，右掌以小指引導左移，左掌則向右移，同到正前方（正東），兩掌距離與肩之寬度相等，掌心向上。右膝漸向前弓，兩掌隨右膝之向下鬆力，走下弧形，向後採到極度時，掌變為鉤。同時，右腳落平，弓膝成右弓步式。重心集於右腳；眼向正前平遠看；意在兩腕（圖 1–117、圖 1–118）。

圖 1–118

【感覺】

右腳如樹植地生根；兩臂與胸部有往外舒張的意思。

【用法】

如對方用雙手摟我腰時，我則將兩掌合在一處，經對方之前胸向下、向後，最後使兩掌心貼近自己的兩腎之

後。這時，對方已經被我給拿起來了（使其身子前傾）。

第四動　兩拳相對

兩鈎各以指尖由裏往外轉，繼以兩腕引導，兩臂各向左右舒平到高與肩平時，鈎變為拳；同時轉到正前方（正東），兩拳拳面相對（相距約三寸），拳眼向下。重心仍在右腳；視線不變；意在兩拳（圖1-119）。

圖1-119

【感覺】

右腿發脹、發熱；兩肋舒暢。

【用法】

接上動。當對方身子向前傾之際，我即兩掌握拳從身後分為左右奔向正前方，直到兩拳拳面相對而接觸到對方之雙耳門處為度。

二十二、披身踢腳（四動）

【釋義】

此式指轉身躲閃之後，以腳踢之之意，故取是名。

【動作圖解】

第一動　兩拳右轉

右腳跟鬆力，向右轉（腳尖向正南）。同時，視線隨兩拳向右前方（東南隅）轉移。重心仍在右腳；眼從兩拳間平

遠看；意在兩拳（圖 1-120）。

【感覺】

右腿發脹、發熱；兩拳心與左腳心蠕動。

【用法】

如對方將我兩手腕攢著往後拽時，我即隨其拽勢，上體微微向右扭轉，變為歇步，右腳尖外擺，左膝抵住右腿膕窩，左腳跟揚起。這時對方的身體重心已失。

圖 1-120

第二動　兩拳交叉

身與兩臂轉向正南，鬆腰蹲身，左腿自然虛鬆，左腳腳尖著地，腳跟揚起。同時，左拳向右移，左腕貼於右拳腕部外側成交叉，拳心均向裏。重心仍在右腳；眼仍向左前方平遠看；意在左拳（圖 1-121）。

【感覺】

右腿發脹、發熱、發酸；脊背發熱。

圖 1-121

【用法】

如對方挒住我的兩手腕，復以右腳踢我襠部，我則以身子向右轉 90 度；同時，兩手臂（鬆肩垂肘）做外旋動作，使兩小臂交叉成十字形，兩腿成為歇步。這時我已做

到了披身，而對方身子處於傾斜
欲倒之勢。

第三動　兩拳高舉

圖1-122

兩拳交叉向前上方伸舉過頭
頂，身隨拳起，交叉之兩腕伸到
頭上，拳心轉向外。左膝提起，
左腳尖懸垂，右腿獨立。眼向正
前（正南）方平遠看；意在兩拳
（圖1-122）。

【感覺】

右腳如樹植地生根，脊背發熱。

【用法】

接上動。當對方以右腳踢我腹部，我扭身披閃後，復
將左腳提起；同時，兩拳高舉過頭頂，為準備待發之勢。

第四動　兩掌平分

兩拳變掌，各以小指引導向左前、右後斜線平分。左
腳以腳跟向左（正東）方蹬出，與左臂上下成平行直線。
左掌掌心向右，指尖向前（正東）；右掌掌心向左，指尖
向後（正西）。重心在右腳；視線注於左掌大指尖；意在
左掌掌心（圖1-123）。

【感覺】

右腳五趾抓地，左腳力貫腳跟；兩掌掌心發熱。

【用法】

接上動。當對方身體正在失中傾斜之際，我及時發出

圖 1-123

左腳，以腳跟對準對方之右髖骨頭蹬之，即可將對方蹬出很遠。

二十三、回身蹬腳（四動）

【釋義】

此式指身體迴旋 180 度，而後發腿蹬出之意。

【動作圖解】

第一動　左腳右轉

左腳踝部鬆力，視線轉於右掌大指，左腳尖走外弧形向右方，腳跟下落在右腳外側；同時，鬆右腳跟，身隨右臂往右後方轉（向西北）。重心仍在右腳；意在右掌掌心（圖 1-124）。

圖 1-124

【感覺】

兩肋舒鬆暢快；右掌心與左
腳心發熱。

【用法】

當我以左腳蹬對方，而對方
避開後復以右腳踢我之實腿（右
腿）時，我則將左腳隨著身體向
右迴旋落於右腳尖的前面，以腳
跟著地，腳尖揚起，上身向右轉
90度為止。

圖 1-125

第二動　兩拳交叉

左腳漸漸落實，身向右轉（正東），蹲身提右膝，右腳
尖虛沾地。同時，兩掌變拳，腕部交叉，右拳在外，左拳在
內，拳心均向裏。重心在左腳；眼看右前方（東北隅）；意
在右拳（圖1-125）。

【感覺】

左腿發脹、發熱、發酸。

【用法】

接上動。當左腳落下之後，上體繼續向右轉成90度
（面向正北）；同時，兩拳小臂交叉成十字，右拳在外，
左拳在內；兩膝微屈，上體略蹲，重心在左腳，右腳尖虛
沾地面，避開了對方右腳向我的襲擊。

第三動　兩拳高舉

兩拳交叉向前上方伸舉，身隨拳起，交叉之兩腕伸到頭

上，拳心轉而向外。右膝提起，右腳尖懸垂，左腿獨立。眼向正前（正北）方平遠看；意在左拳（圖1-126）。

【感覺】

左腳右腳植地生根；脊背發熱。

【用法】

如對方向我撲來，我即乘隙擎起對方的雙臂，高舉過頭頂；同時，提起右腿，準備發腿蹬之。

圖1-126

第四動　兩掌平分

兩拳變掌，各以小指引導向右前左後斜線平分。右腳跟向右前（正東）蹬出，與右臂上下成平行直線。右掌掌心向左，指尖向前（正東）；左掌掌心向右，指尖向後（正西）。重心在左腳；視線注於右掌大指尖；意在左掌掌心（圖1-127）。

圖1-127

【感覺】

左腳五趾抓地，右腳力貫腳跟；兩掌掌心發熱。

【用法】

接上動，用右臂橫架住對方之右臂；同時，左掌向左

王培生內功心法太極拳

後方伸展，而右腳則會自動地蹬出，以右腳跟對準對方的右髖骨頭處蹬之。這時對方會被蹬出很遠。

二十四、撲面掌（四動）

【釋義】

此式指順步採掌，兩掌交替滾轉，連撲帶蓋之意，故取此名。

【動作圖解】

第一動　左掌下按

左膝鬆力，鬆腰蹲身，右腳下落，腳跟著地成左坐步式。左掌隨右腳之下落而下按，摟右膝的同時，右掌心向上撤回靠近右肋。重心在左腳；視線隨右掌食指；意在右掌掌心（圖1–128）。

【感覺】

左腿發脹、發熱、發酸；左掌心與右腳心蠕動。

【用法】

如對方以右手擊我前胸，我則以左手粘其小臂向下滾壓沉採。這時，對方的上身前傾失中。

圖1–128

第二動　右掌前按

抬頭，視線逐漸向前平看，右腳尖逐漸落平，弓右膝成右弓步式。左掌以無名指引導向前按出，掌心向外，大指遙對

鼻尖，右掌在右肋旁。重心在右腳；眼從右大指尖上方平遠看；意在右掌掌心（圖1-129）。

【感覺】

右腿發脹、發熱、發酸；右掌掌心與左腳腳心蠕動。

【用法】

接上動，當我以左掌沉採對方的右臂，待其身體失中之際，隨即用右掌向前虛擊其面部；同時，拱右膝，左腿在後伸直，形成右弓步，而將對方發出很遠。

圖1-129

第三動　右掌下按

左膝鬆力，左腳前進一步，腳跟著地，腳尖揚起。左掌屈肘回收到左肋旁，掌心朝上；同時，右掌腕部鬆力，向上提到右耳旁，再以小指引導（微向前下）伸出，以右臂舒直為度，高與腹平，掌心向下，指尖朝前（正東）。同時，提頂長身，右腿微屈。重心仍在右腳；目視右食指尖；意在右掌根（外側腕骨前）（圖1-130）。

圖1-130

【感覺】

右腳如樹植地生根；右掌與左腳心蠕動。

王培生內功心法太極拳

【用法】

如對方以左掌向我胸部打來，我則以右掌粘其小臂向下滾壓沉採。這時，對方必前傾失中。

第四動　左掌前按

右掌以小指引導向下翻轉，往左肋處回採。同時，鬆右膝，蹲身，右肘到左掌指尖

圖 1-131

前時，鬆左膝，伸左腳成右坐步式。左掌以食指引導，從右臂彎處向上穿出，向右前伸到掌心遙對鼻尖時，弓左膝成左弓步（順步）。重心在左腳；視線注於左掌食指尖；意在左掌掌心（圖 1-131）。

【感覺】

左腿發脹、發熱；兩掌掌心發熱。

【用法】

接上動。當我以右掌沉採對方的左臂，待其身體失中之際，隨即用左掌向前虛擊其面部；同時，拱左膝，右腿在後伸直，形成左弓步。這時，已將對方發出很遠。

二十五、十字腿（單擺蓮）（四動）

【釋義】

此式指左臂與右腿所運轉互相交叉和相觸之動作，形如十字狀，又好似風之擺蓮，故取此名。

【動作圖解】

第一動　左掌右捋

右掌不動，左掌以食指引導向右轉，視線隨之。此時，左腳尖向右轉（腳尖向正南）。重心仍在左腳；視線注於左掌食指尖；意在左掌掌心（圖1-132）。

圖1-132

【感覺】

兩掌掌心蠕動；脊背發熱。

【用法】

如對方以右手從身後抓住我的右肩頭時，我則以左掌掌心粘其右腕（扣住不要離開）。

第二動　左掌繼捋

右掌不動，左掌繼續向右轉180度，到右耳外側為止，掌心仍向外，指尖向上。同時，身隨掌轉（面向正西），右腳跟虛起。重心仍在左腳；眼向正前方平遠看；意在左掌掌心（圖1-133）。

圖1-133

【感覺】

左腳如樹植地生根；左掌心與右腳心發熱；脊背發熱。

【用法】

接上動。如對方之右腕被扣住，有要脫開之意時，可使左掌繼續向右捋；同時，向右轉身（面向正西）。這

時，對方的身體重心已經失中。

第三動　右腳上提

右腳以小趾向左前方往上虛提。同時，左掌以食指引導向右舒直（與肩平），掌心向下。重心不變；視線亦不變；意仍在左掌掌心（圖1-134）。

【感覺】

兩腿同時發熱；左掌掌心發熱，指尖發熱。

【用法】

接上動，當我將對方右臂腕拿住之後；同時，抬起右腳向左伸平為度，準備擺踢之勢。

第四動　右腳右擺

右腳向右上方擺動，以擺到腳尖遙與鼻尖相對為止。同時，左掌向左轉到正前方與右腳相遇時，以指尖輕掠腳尖後，右腳向右前方下落，腳跟著地成左坐步式；而左掌則向左後上提至左耳外側，左腕鬆力，左掌指尖虛向前，右掌不動。重心在左腳；視線不變；意在左腕（圖1-135）。

圖1-134

圖1-135

【感覺】

左腳如樹植地生根；左掌心與右腳心蠕動。

【用法】

接上動，當我抬起右腿之後，看對方之情況有沒有變化，如果沒有變化，我即用右腳背拍擊腰間（即兩腎）；同時，以左掌反擊其下頜或耳後之翳風穴。

二十六、摟膝指襠捶（四動）

【釋義】

此動作與摟膝拗步式相同，只是最後以掌變為拳，向對方之下腹部進擊，故取此名。

【動作圖解】

第一動　右掌下按

右掌以食指引導向右前下方按去，到右膝外側為止，掌心向下，指尖向前。同時，右腳落平。視線隨右掌食指；意在右掌掌心（圖1-136、圖1-137）。

圖1-136

圖1-137

【感覺】

左腿發脹、發熱、發酸；兩掌掌心發熱。

【用法】

如對方以右掌向我面部打來和左腳向我下腹部進攻，我則以左手迎其右臂腕部，以右手按其膝，使對方的進招失去重心。

圖 1-138

第二動　左掌前按

弓右膝成右弓步式。同時，左掌以無名指引導向前按出，掌心向外，指尖向上。重心在右腳；眼從左掌大指尖上平遠看；意在左掌掌心（圖 1-138）。

【感覺】

右腿發脹、發熱；右掌心與左腳心發熱。

【用法】

如對方左腳在前，用左手向我面部打來，我即用右手沉採對方的左臂彎；同時，進右步，以右膝緊貼近其左膝內側，同時發左掌擊其面部或腋下神經。

第三動　左掌下按

左掌以食指引導向前下按至右膝前為止；同時，右腕鬆力，向上提至右耳旁。重心仍在右腳；視線在左掌食指尖；意在左掌掌心（圖 1-139）。

【感覺】

右腿發脹、熱、酸；兩掌掌心發熱。

【用法】

如對方以左掌向我面部並以右腳向我下腹部同時進攻，我則以右手粘其左手腕部上提；同時，以左手按其右膝，使對方的進招失去重心、進攻失去效用。

圖1-139

第四動　右拳指襠

左膝鬆力，收回左腳向左前方邁進一步，腳跟著地，逐漸落平，弓左膝成左弓步式。左掌摟膝後，右掌變拳從右肋隨左膝之前弓而向前下方伸到左膝為止，拳眼向上，左掌虛貼右臂（腕後肘前）。重心仍在左腳；視線注於右拳食指中節；意在右拳拳面（圖1-140、圖1-141）。

【感覺】

左腿發脹、發熱；兩肋舒暢鬆空；脊背發熱。

【用法】

如對方以右掌向我前胸打來，我則以左手粘住其右肘部；同時，將右掌向右後上方一擺，然後返回到右肋間握成拳，繼之以右拳向對方之下腹部進擊。

二十七、正單鞭（六動）

【釋義】

此式將豎腰、立項、蹲身動作喻為鞭竿，兩臂展開動作

圖 1-140

圖 1-141

喻為鞭梢，即以鞭竿坐勁而力貫鞭梢之意，故取此為名。

【動作圖解】

第一動　翻拳上步

右拳向左前方翻轉向上伸出，拳心向內。鬆肘立腰，鬆右膝，右腳向前伸出，成左坐步式。重心在左腳；意在右肘與左膝相合（圖 1-142）。

圖 1-142

【感覺】

左腿發脹、熱、酸；脊背發熱。

【用法】

接上動，如對方以右手採住我的右手腕時，我即使拳心翻轉向上；同時，進右步以腳跟著地，腳尖揚起。注意，左掌的中、食指指尖始終扶在右脈門。

第二動　右掌上捯

右腳落平，弓右膝成右弓步式。同時，右拳鬆開變為掌，向右前方捯出，掌心向上。重心在右腳；視線隨右掌食指尖；意在右掌（圖1–143）。

【感覺】

右腿發脹、熱；右掌掌心與左腳腳心發熱。

【用法】

接上動。當我右拳翻轉向上之後，隨即將右拳向前舒伸，右拳鬆開變掌；並且將右腳逐漸放平，弓右膝，左腿在後伸直形成右弓步。這時，對方即被捯出很遠。

第三動　右掌後掤

身向後坐成左坐步式。同時，右肘鬆力，右掌向右後方走外弧形線，左掌隨之，至右掌轉到右耳旁，眼與大指及中指成一直線時止。重心在左腳；視線始終在右掌食指尖；意在右掌掌心（圖1–144）。

【感覺】

左腿發脹、熱、酸；兩掌掌心蠕動。

圖 1–143

圖 1–144

王培生 內功心法太極拳

【用法】

如對方以右拳向我前胸打來，我即將右臂長伸向對方臂下邊，然後以右掌食指引導向身之右後上方掤起；同時，左膝鬆力，身往後坐，成為左坐步。這時，對方已被掤出很遠。

第四動　右掌前按

腰微鬆，右肘尖微向前下鬆垂，右腳尖向左轉向正南。同

圖 1–145

時，右掌循右腳尖下落方向往前按出，掌心向外，指尖向上；俟右腳尖落平時，左掌中、四指始終扶在右脈門處。右膝弓足，重心集於右腳；視線注右掌食指尖；意在右掌掌心（圖 1–145）。

【感覺】

右腿發脹、發熱；脊背發熱。

【用法】

接上動。當我把對方掤起之後，他想後退，我則以左掌沿其脊椎從上向下将到其命門為止；同時，以右掌對準對方的面部或肩頭前按。這時，已將對方按出。

第五動　右掌變鈎

右腕鬆力，右掌五指指尖聚攏成鈎，右腕向上凸起，鈎尖向下鬆垂，視線換在右腕。左腳向左方（正東）舒伸，腳尖虛著地。重心仍在右腳；視線與意均在右腕（圖

1-146）。

【感覺】

右腿發脹、發熱、發酸；右手心與右腳心蠕動。

【用法】

如對方以右掌向我面部打來，我則以右掌刁其右手腕；同時，向右略微一側身，進左步鎖其右腿為度。

圖 1-146

第六動　左掌平按

左掌以食指引導，由右腕下逐漸向左（走外弧形線）移動，掌心與眼平行，眼看左掌食指尖。左掌移至兩腳正中時，左腳跟向右收落平，腰部鬆垂，重心在兩腳。左掌以小指引導，掌心逐漸向外翻轉至左腳尖前上方，掌心向外，指尖向前。視線在左掌食指尖；意在左掌掌心（圖 1-147）。

圖 1-147

【感覺】

兩腿大腿內側發酸、脹、熱；左掌食指尖自行蠕動。

【用法】

接上動。我右手刁住對方的右手腕，進左步鎖住其後腿；同時，左肩放鬆，左肘下沉，左掌向對方的面部或肋

下按出；與此同時，屈膝略蹲成馬步。這時，將對方發出很遠。

二十八、雲手（六動）

【釋義】

此式指兩臂上下循環運轉，其迴旋纏繞之速度均勻和動作綿綿之姿態，就彷彿上空之行雲一般，故取此名。

【動作圖解】

第一動　左掌下捋

左腕鬆力，左掌以食指引導向右下方移動，掌心向右，經左膝，走下弧形而到右膝。重心漸漸移於右腳。右鈎變掌，以食指引導向右方伸出，掌心向下。重心集於右腳；視線注於右掌食指尖；意在右掌掌心（圖1-148）。

【感覺】

右腳如樹植地生根；右掌心與左腳心舒張。

【用法】

如對方以左掌打我嘴巴，我則以右掌粘其左手腕，並以左掌向自己的右腳跟的右後方往下一捋。這時，對方的重心已失掉平衡，站立不穩。

第二動　左掌平按

左掌以食指引導向右上方移到右臂彎處，先向右前

圖 1-148

圖 1-149

圖 1-150

方移動，掌心向內，左掌繼續走上弧形往左移動，身隨掌起；左掌移到正前方時，左腳落平，重心平均於兩腳。左掌小指外轉，掌心漸漸向外，到左前方時，重心移於左腳；左掌轉到左方（正東）時，掌心向下平按，與肩平為度；同時，右掌走下弧形，經右膝到左膝為止。重心集於左腳；視線注於左掌食指尖；意在左掌掌心（圖 1-149、圖 1-150）。

【感覺】

左腿發熱、發酸；左掌心發熱。

【用法】

接上動。當對方身體失去重心不穩之際，我即將其向右下捋之，左掌返回向上、向左沿其臂之內側反擊其面，或用左臂沿其左臂外側，左掌隨進隨轉，以掌拍其右肩。這時，對方則應手而倒在地或跌出。

圖 1-151

圖 1-152

第三動　右掌平按

右掌以食指引導向左上方移到左臂彎處，先向左前方
往上移至極度。身隨掌起，右腳收至左腳旁。右掌繼續向
右移，到正前方時，重心在兩腳；到右前方時，重心移於
右腳。右掌繼續轉到右方（正西）時，掌心向下按，與肩
平為度；同時，左掌走下弧形，經左膝而到右膝止。此時
左腳向左橫開一步，腳尖著地。重心集於右腳；視線注於
右掌食指尖；意在右掌掌心（圖 1-151、圖 1-152）。

【感覺】

右腿發熱、發酸；右掌心發熱。

【用法】

如對方以右掌打我嘴巴，我則以左掌粘住其右手腕，
並以右掌沿其臂之內側反擊其面部，或用右臂沿其右臂外
側，使右掌隨進隨轉，以掌心拍其左肩。這時，對方則應
手而倒在地，或跌出很遠。

圖 1-153

圖 1-154

第四動　左掌平按

左掌以食指引導向右上方移動到右臂彎處，先向右前方移動，掌心向內；左掌繼續走上弧形往左移動，身隨掌起，左掌移到正前方時，左腳落平，重心平均於兩腳；左掌小指外轉，掌心漸漸向外，到左前方時，重心移於左腳；左掌轉到左方（正東）時，掌心向下按，與肩平為度；同時，右掌走下弧形，經右膝到左膝前止。重心集於左腳；視線注於左掌食指尖；意在左掌掌心（圖 1-153、圖 1-154）。

【感覺】

左腿發熱、發酸；左掌心發熱。

【用法】

如對方以左掌打我嘴巴，我則以右掌粘住其左手腕，並以左掌沿其臂之內側反擊其面部，或用左臂沿其左臂外側使左掌隨進轉以掌心拍其右肩。這時，對方則應手而跌出。

圖 1-155

圖 1-156

第五動　按掌變鈎

　　右掌以食指引導，向左上方移到左臂彎處時，先向左前往上移至極度；身隨掌起，右腳收至左腳旁。右掌繼續向右移動，到正前方時，重心在兩腳；右掌小指外轉，掌心漸漸向外，到右前方時，重心移於右腳；右掌轉到右方（正西）時，掌心向下平按，與肩平為度；同時，左掌走下弧形，經左膝到右膝而上升至右臂彎時，右肘鬆力，右掌向左微移，以右手脈門接觸左掌四指指尖時，右掌腕部鬆力，五指聚攏變成鈎。同時，左腳向左橫開一步，腳尖著地。重心集於右腳；視線注於右鈎腕部；意在鈎尖（圖1-155、圖1-156）。

　　【感覺】

　　右腿發熱、發酸；右手心與左腳心發熱而蠕動。

　　【用法】

　　如對方以右掌向我面部打來，我則先以右掌採住其右

肘，使其身子前傾，然後，右
掌五指抓攏變成虛鈎，以手腕
部向其下頷襲擊；同時，左腳
向左橫開一步，腳尖虛沾地
面。

圖 1-157

第六動　左掌平分

左掌以食指引導，由右
腕下逐漸向左（走外弧形
線）移動，掌心與眼相平，
眼看左掌食指尖。左掌移至兩腳正中時，左腳跟向右收平
落，腰部鬆垂，重心在兩腳。左掌以小指引導，掌心逐漸
向外翻轉至左腳尖前止，掌心向外，指尖向上。視線在左
掌食指尖；意在左掌掌心（圖 1-157）。

【感覺】

兩大腿內側發酸、發脹、發熱；左掌食指尖自行蠕動。

【用法】

接上動。我再用右手刁住對方的右手腕；同時，上體
下蹲成馬步，並以左掌沿著對方的左臂外側向上、向左平
按，至左掌掌心貼近對方之右肩為度。這時，對方便會應
手而跌出很遠。

二十九、下式（二動）

【釋義】

此動作是從高突然變為低，其式之形態好像鷹在空中
盤旋，突然下落，如捕兔之狀，故取此名。

【動作圖解】
第一動　右掌前掤

右鈎變掌，掌心向下，以食指引導向下走下弧形，視線轉向右手食指，經右膝、左膝，再上行到腕與肩平；同時，左掌隨右掌之移動，面向左前伸出，以兩掌相齊為度，左掌掌心向右，右掌掌心向左，兩掌相對，

圖1-158

指尖均向前，兩掌距離與肩寬相同。重心隨右掌之左移而移於左腳；眼向左前（正東）平遠看；意在右掌掌心（圖1-158）。

【感覺】

左腿與胯部發熱、發酸；兩掌掌心蠕動。

【用法】

如對方用雙掌向我前胸撲來，我即將右掌向對方右臂外側的下邊伸出並互相粘住；同時，將右腿向後撤退一步。這時，對方的身體重心已失去平衡。

第二動　兩掌回捋

兩腕鬆力，虛向上提，掌心空。同時，向上長身，兩腿平均站立。右臂與肘虛領，將身領正後再往右方下移，以右掌到右膝前為度；左掌則以左腕引導向下移到左膝前為度，兩掌掌心均向下。當兩掌回捋而向下按時，向下蹲身，重心移在右腳，左腿舒直成右仆步式（腳尖均向

圖 1-159

圖 1-160

圖 1-161

南），上身正直。眼向左前平遠看；意在右掌掌心（圖
1-159、圖 1-160、圖 1-161）。

【感覺】

右腿發脹、發熱、發酸；兩掌掌心蠕動。

【用法】

接上動。我右掌粘住對方的右臂時，腕部向後、向下
沉採。這時，對方應手而向前撲跌。

三十、上步七星（上步騎鯨）（二動）

【釋義】

此式突出了身上的七個部位，即頭、肩、肘、手、胯、膝、足，而構成的姿勢則謂之七星上步，動作形如騎鯨，故取此名。

【動作圖解】

第一動　右掌前掤

左掌指尖向前伸，左腳尖向左轉向正東，右掌以食指引導向前伸到左肘下，掌心向上。弓左膝，重心移到左腳，開右腳跟成左弓步式。視線注於右掌食指尖；意在左掌掌心（圖1–162）。

【感覺】

左肋鬆空，右肋舒暢；左腿與右掌掌心均發熱。

【用法】

如對方身體被我牽動失去重心而前傾之際，我即用右掌向對方之下腹部襲擊。

第二動　兩掌上掤

右掌以食指引導沿左臂下往前舒長，兩掌交叉，右掌在外，掌心向左；左掌在內，掌心向右。直腰鬆右膝，出右腳成左坐步式。視線先隨右掌食指，兩掌交叉後，由兩掌中間向正前方平

圖1–162

遠看；意在左掌掌心（圖1–163）。

圖1-163

【感覺】

左腿發熱、發脹；右掌外緣有撐勁；左掌心與右腳心發熱。

【用法】

兩掌架住對方右臂；同時，以右腳貼住對方前腿外側，用腳蹬對方後腿脛骨。

三十一、退步跨虎（二動）

【釋義】

此式動作是以右腳由前向後撤一大步，坐身，然後收左腳，腳尖虛沾地面成跨虛步，兩臂分開，前掌後鉤，拳術之術語稱此式為跨虎式，故取此為名。

【動作圖解】

第一動　兩掌前掤

兩腕鬆力，兩掌分開向前舒長，掌心均向下。右腳往後撤到極度，與左腳前後成一直線，腳尖著地。重心仍在左腳；視線由兩掌中間向前平遠看；意在左掌掌心（圖1–164）。

圖1-164

王培生內功心法太極拳

【感覺】

左腿發熱、發脹；胸及兩肋舒暢；兩掌掌心發熱。

【用法】

如果對方用拳打我之面部，同時用腳踢我前腿時，我則左右兩掌向前上掤起，架住對方的來手，然後以鈎羅手鈎住對方踢來之腳腕，等待化發之勢。

第二動　兩掌回捋

兩掌向右下回捋到左膝，右腳跟向左（正北）落平，右腕上提到右耳側後向前掤出（正南），掌心向左，拇指向上；同時，左掌變鈎向後撤，鈎尖向上。左腳收回到右腳旁，腳尖虛著地。重心在右腳；眼向左前方（東南）平遠看；意在右掌掌心（圖1-165、圖1-166）。

圖 1-165

圖 1-166

【感覺】

右腳如樹植地生根；兩肋鬆空；右掌掌心與左腳心蠕動。

【用法】

接上動，在我以鈎羅手鈎住對方踢來之腳腕之後，以另一手掛住對方擊來之手，左右兩臂腕部朝前後方向分

圖 1-167

圖 1-168

開；同時，我急轉身將前腿向後撤回靠近右腿，閃開我的
正中部分，使對方著法落空則應手而向後摔倒。

三十二、回身撲面掌（二動）

【釋義】

此式指由前向後回轉過身子以後，再發掌撲蓋向前擊
之意，故以此為名。

【動作圖解】

第一動　右掌右将

右掌以食指引導向右轉（正西），掌心向下，身隨掌
轉。重心仍在右腳；視線隨右掌食指尖；意在左掌掌心
（圖 1-167、圖 1-168）。

【感覺】

右腿發熱、發脹；右掌指尖發脹。

【用法】

如對方用右拳從我身之右側打來，我即向右轉身；同

時，右掌以指尖向對方的眼睛虛擊。這時，對方受到突然襲擊，而使原向我進攻之動作處於遲鈍和發呆之狀態。

圖1-169

第二動　左掌前按

左鈎漸變為掌，掌心翻轉向上，鬆右臂，以食指引導從左肋前向右上方斜伸到右臂彎，右掌掌心同時翻轉向上，左掌繼續向前（正西）伸長，伸到與右掌相齊時，左腳向右腳前邁出，腳落平後；左掌向前（正西）按出，掌心向外，指尖向上。同時，弓左膝，右腳跟外開，成左弓步式。右掌回收到右肋前，掌心向上。重心在左腳；視線隨左掌食指尖；意在左掌掌心（圖1-169）。

【感覺】

左腿發脹、發熱；脊背圓而力氣充足；兩掌掌心發熱。

【用法】

接前動。用右掌向對方眼前虛晃一招，立即收回使掌心翻轉向上，以手背沉採其右臂，復以左掌從胸口向前發出（要含撲蓋之意）擊其面部；同時，進左步鎖住對方之後腿，但要與發掌之動作協調一致。

三十三、轉腳擺蓮（四動）

【釋義】

此式指右腳之弧形運轉與左右兩掌逐遞相觸之動作，形

若風之擺蓮之意義，故取此為
名。

圖 1-170

【動作圖解】
第一動　左掌右捋

右掌不動，左掌以食指引導
向右轉，視線隨之。左腳尖向左
轉（正北），重心仍在左腳；視
線注於左掌食指尖；意在左掌掌
心（圖 1-170）。

【感覺】
兩掌掌心蠕動；脊背發熱。

【用法】
如對方以右手從我身之背後
抓住我的右肩，我則向右轉身，
並以左掌粘其右手腕。

圖 1-171

第二動　右掌回捋

右掌以食指引導，從左臂下
走外弧形向右轉（正北），掌心
向前（正東）；左掌隨動，到右
臂彎為止，掌心向右（正西）。
同時，右腳跟虛起，腳尖著地。
重心在左腳；視線先隨右掌食指，身轉正（正東）後，向
正前方平遠看；意在左掌掌心（圖 1-171）。

【感覺】
右肋虛空舒適；左腳如樹植地生根；右掌掌心發熱，

126

王培生內功心法太極拳

指尖發脹。

【用法】

接上動。我將對方之右腕扣住，復以右臂從對方的右臂下邊向上穿出，再向右方滾轉下壓。

圖1-172

第三動　右腳上提

右腳以大趾向左前方往上虛提。同時，左掌以食指引導向右舒直（與肩平），掌心向下。重心不變；視線亦不變；意在左掌掌心（圖1-172）。

【感覺】

左腳五趾抓地；兩掌掌心發熱而蠕動。

【用法】

接上動，在我將對方之右臂壓住之後，隨之，將右腳抬起，準備待發。

第四動　右腳右擺

右腳向上方擺動，以擺到腳尖遙與鼻尖相對為止。同時，左右兩掌向左轉到正前方與腳相遇時，以指尖逐遞輕掠腳尖後，右腳向右前方下落成左坐步式（隅步），兩掌向左後（西北）舒伸，左掌在前，右掌在後，掌心均斜向下。重心仍在左腳；視線在掌與腳相掠後，隨左掌食指尖；意在左掌掌心（圖1-173）。

【感覺】

左腳五趾抓地；胸、背部發熱；兩臂韌帶引長。

【用法】

接上動，我將右腳抬起之後，以腳背由左向右擺踢對方之腰部；與此同時，左右兩掌從右向左反擊其面部。這時，對方身體重心已失，則由我任意擊之。

圖 1-173

三十四、彎弓射虎（四動）

【釋義】

此式兩臂之動作和身法之披閃以及弓箭步之配合，形成之姿勢好像握弓射箭，故取此為名。

【動作圖解】

第一動　兩掌回捋

兩掌向右前方往下捋到左膝前時，右腳落平；到右膝前時，兩掌變拳，兩肘鬆力，兩拳上提到右耳外側，右拳在上，拳眼向下；左拳之拳眼向上（兩拳上下距離約一肩寬）。弓右膝成右弓步式。重心集於右腳；視線先隨左掌食指，到正前方時，隨右掌食指尖，變拳後隨右拳食指中節；意在右拳（圖 1-174、圖 1-175）。

【感覺】

右大腿內側發熱、發酸；腰、背部發熱；右拳與左腳心蠕動。

王培生內功心法太極拳

128

圖 1-174

圖 1-175

圖 1-176

【用法】

　　如對方以左拳擊我胸部，我則微向左轉身，並以雙手順其來勢往外往上略微一帶。這時，對方身體重心已失去平衡。

第二動　兩拳俱發

　　右拳從右耳上向左前方（東北）發出，左拳在下隨之，亦向左前方發出，兩拳拳眼相對，左肘對右膝。重心仍在右腳；視線循右拳食指根節向左前方遠看；意在右拳（圖 1-176）。

【感覺】

　　右腳如樹植地生根；小腿發脹、發熱；右拳心與左腳

圖 1-177

圖 1-178

心發熱。

【用法】

接上動。在我隨其來勢以雙手往外往上一帶之後，隨即兩手握拳提至右耳旁，復向左前方橫擊敵之左腋下神經。這時，敵即應手而被發出很遠。

第三動　兩掌回挒

兩拳漸變為掌，向右後方（西南）往上移動，兩掌伸到極度時，鬆左膝，左腳向左前方伸出，腳跟著地。兩掌向左前方往下挒按，到右膝前時，左腳落平；到左膝前時，兩掌變拳，向上提到左耳外側，拳眼相對。弓左膝成左弓步式（隅步）。重心集於左腳；視線先隨右掌食指尖，到正前方時，隨左掌食指尖，變拳後，隨左掌食指中節；意在左拳（圖 1-177、圖 1-178）。

【感覺】

左大腿內側發熱、發酸；腰、背部發熱；左掌心與右腳心蠕動。

【用法】

如對方以右拳向我前胸打來，我則微向右轉身，並以雙手順其來勢往外往上一帶。這時，對方身體重心失去平衡。

圖1-179

第四動　兩拳俱發

左拳從左耳上向右前方（東南）發出，右拳在下隨之，亦向右前方發出，兩拳拳眼相對，右肘對左膝。重心仍在左腳；視線隨左拳食指根節向右前方遠看；意在左拳（圖1-179）。

【感覺】

左腳如樹植地生根；小腿發脹、發熱；左拳心與右腳心發熱。

【用法】

接上動，在我隨其來勢以雙手往外往上一帶之後，隨即兩手握拳提至左耳旁，復向右前方橫擊敵之腋下神經。這時，敵即應手而被發出很遠。

三十五、卸步搬攔錘（四動）

【釋義】

此式指向後撤步之同時，以兩掌向左、右搬移對方之

來力，然後用左立掌攔阻來手，隨之以右拳進擊其肋、胸部之意，故以此為名。

圖1-180

【動作圖解】

第一動　兩掌右搬

左拳屈肘外旋至左肋前，拳心翻轉向上；右拳屈肘內旋至左胸前，拳心向下，與左拳上下相對（中間距離約 10 公分，即一拳高），之後均變掌，一同向右前方伸出（即搬），右掌以臂舒直，掌心向下；左掌掌心向上（位於右掌腕後肘前）。同時，鬆右膝，往後坐身，重心集於右腳；收左腳，向左後方撤一大步，虛著地面。視線先隨左拳，變掌後隨右掌食指尖；意在右掌掌心（圖1-180）。

【感覺】

四肢韌帶引長，特別舒適；右腿發脹、發熱；兩肋舒暢。

【用法】

如對方以右拳擊我前胸，我則雙掌分為前後，粘其臂腕向右搬開（使其來力之方向轉移）；同時，左腳後撤一步，腿之膕窩舒直，與前腿形成弓步。

第二動　兩掌左搬

右掌屈肘外旋撤至右肋前，掌心翻轉向上；左掌同時

內旋，掌心向下，與右掌上下相對（中間距離約10公分）之後，一同向左前方伸出，左掌以臂舒直，掌心向下，右掌掌心向上（位於左掌後肘前）。同時，鬆左膝，往後坐身，重心集於左腳，收右腳，向右後方撤一大步，虛著地面。視線注於左掌食指尖；意在左掌掌心（圖1-181）。

圖1-181

【感覺】

四肢韌帶引長，特別舒適；左腿發脹、發熱；兩肋舒暢。

【用法】

如對方復以左拳擊我胸部，我則以雙掌分前後粘其臂腕向左搬開，使其來力之方向轉移；同時，右腳向後撤退一步，與前腿形成弓步式。

第三動　左掌回攔

鬆腰，重心漸移向右腿。左掌仍以食指引導走外弧形，向左後將，右掌在下。隨之重心完全移到右腳，成右坐步。左掌向正前方上伸，食指遙對鼻尖，掌心向右；右掌漸變為拳，往右後下方撤到胯上為度。

重心集於右腳；視線經左掌食指尖平遠看；意在右掌

圖1-182

圖1-183

掌心（圖1-182）。

【感覺】

右腿發脹、發酸；右拳心與左腳心同時發熱。

【用法】

如對方以右拳擊我前胸，我即向後撤步退身，並以左掌攔阻其右臂使不得前進，這時，右手握拳置於右肋旁準備待發之勢。

第四動　右拳前伸

右拳漸向正前方伸出，伸到左掌掌心右側，左腳落平成左弓步式時，右拳繼續前伸，以右臂舒直為度，右拳食指中節遙對鼻尖。重心在左腳；視線經右拳上面向前平遠看；意在左掌（圖1-183）。

【感覺】

左腿發脹、發熱；右臂引長。

【用法】

接上動，當我用左掌阻住對方之右臂之後，隨之，將右拳（錘）從對方右臂下邊向前進擊敵胸或右腋下之神經。

三十六、如封似閉（二動）

【釋義】

此式指兩臂之交叉時形成斜十字狀，好像封條一般，兩掌前按之動作又好像用手關門一樣，兩掌所運轉之動作，在術語上叫做封格、截閉，故取此名。

【動作圖解】

第一動　兩掌回捋

左掌移在右肘後外側（掌心向右），重心漸移於右腿，右拳隨後撤到與左掌相齊時，拳舒為掌，兩掌左右分開，寬與肩齊，掌心向後，十指向上，兩肩鬆力，兩肘下垂，腕與肩齊。鬆腰，坐身成右坐步式。重心集於右腳；視線向正前方平遠看；意在兩掌掌心（圖1-184）。

【感覺】

右腿發脹、熱、酸；兩掌掌心與十指指尖均發熱、發脹。

【用法】

如果我的右手腕和肘部被對方抓住或按住時，我則以左手環轉之力，用肘的中部畫撥開對方的手，撤出右手並往左右分開。這時，已將對方拿（提）起。

圖1-184

第二動　兩掌前按

兩掌以小指引導，掌心漸向內轉，漸而向正前方按出。同時，重心漸移左腳，落成左弓步式。兩掌向前按至極度，掌心向外，臂彎微屈。重心集於左腳；視線由兩掌中間向正前方平遠看；意在兩掌掌心（圖 1–185）。

圖 1–185

【感覺】

左腿發脹、發熱；兩掌掌心蠕動。

【用法】

接上動，在我分開雙掌拿起對方之後，隨之，再取捋按的手法直奔對方的左肩外側或對方的正中部分，推擊而放之。

三十七、抱虎歸山（十字手收式）（六動）

【釋義】

此式動作是指兩臂分開轉身攜抱，而後兩掌合成十字於胸前，作為拳套終了之式，即恢復還原為起式狀態，故取此為名。

【動作圖解】

第一動　雙掌前伸

兩腕鬆力，十指指尖向前舒伸，兩掌掌心向下按。以重心完全集於左腳為度；視線由兩掌中間平遠看；意在兩掌掌心（圖 1–186）。

【感覺】

左大腿熱得厲害；兩臂引伸；掌心發熱；指尖發脹。

【用法】

如對方仍以雙掌向我推來，我則以兩掌由前進當中向左右分開，復向前推其胸，或向下沉按其胸。這時，對方應手倒退出很遠。

圖1-186

第二動　兩掌展開

右掌以食指尖引導，向右移動到正南方時，右腳以腳尖為軸，腳跟虛起向左移，以腳尖向南、腳跟向北為度；右掌再向右移動到正西方，左腳跟向左移，亦以直向南北為度。當右掌向右前方移動時，左掌向左展開，兩掌掌心向下，兩臂均與肩平。重心集於右腳；視線注於右掌食指尖；意在右掌掌心（圖1-187）。

【感覺】

兩臂引長；胸、背部特別舒暢。

圖1-187

【用法】

如對方以左拳向我胸部打來，我則以左掌粘其左手腕略微向左一帶；同時，向左轉身，進右步鎖住對方之後腿，再將右掌展開靠近對方胸腹部，兩掌掌心均向下。

圖1-188

第三動　兩掌上掤

右掌以大指引導，掌心漸向右上方翻轉，轉至極度時，身隨掌起。左腳收到右腳旁，虛著地。同時，左掌虛隨與右掌成同樣動作，兩掌到正前方處腕部交叉，左掌在外，掌心向右；右掌在內，掌心向左，十指指尖向上。重心集於右腳；視線由交叉兩掌中間向前上方遠看；意在兩掌指尖（圖1-188）。

【感覺】

兩肋舒暢；兩掌掌心發熱；十指指尖發脹。

【用法】

接上動，當我將對方兩腿鎖住和雙掌分開靠近其胸腹間之際，隨著，將兩掌掌心翻轉朝天；同時，長身並步（左腳向右腳靠近）。這時，對方已被我抱起後又摔倒在地。

第四動　兩肘下垂

兩膝鬆力，漸向下蹲身。兩肩鬆力，兩肘漸向下鬆垂，兩臂左右交叉搭成斜十字橫於胸前，以兩腕高與肩平

為度。重心在兩腳；兩眼由交叉兩掌的中間向前平遠看；意在兩掌指尖（圖1-189）。

圖1-189

【感覺】

全身輕鬆、舒適，妙不可言。

【用法】

如敵將我抱住時，我即隨其抱勁做升降之動作，並將兩臂交叉成十字狀，使兩肘向下沉採。這時，對方即應手而跌坐在地。

第五動　兩掌合下

兩肘同時鬆力，向左右平分，兩掌亦隨之漸分漸落，落至胸前時，左右兩掌的中指指尖相接觸；繼之，兩手食指指尖相接觸；最後，兩手拇指指尖相接觸。重心仍在兩腿；兩眼注視食指指尖；意在手背（即外勞宮）（圖1-190）。

圖1-190

【感覺】

腰部（命門）火熱；兩手心和腳心發熱；兩大腿和兩小腿發脹、發熱。

【用法】

十字手的用法，在太極拳中占重要地位，因它是在

「十字和圓轉當中求生活」，所以說太極拳可由雙手交叉中變動出來。十字手法不外是一開一合。開有法，合也有法，也就是一顧一進的方法。進與顧要用得合適，不可有快慢，不然就會有措手不及的可能。

圖 1-191

第六動　太極還原

兩腳腕鬆力，兩膝鬆力，兩胯鬆力。這時，身體自然立起，兩眼視線離開食指尖向正前方平視。繼之，兩肩鬆力，兩肘鬆力，兩手腕鬆力。在做上述動作時，要有落肩、落肘、落手的意識，猶如腐爛的牆皮一碰即落。最後，還要想像手指甲由拇指至小指依次脫落（圖 1-191）。

【感覺】

通身是汗，渾噩一身，輕鬆愉快；全身各部關節動作靈活，血貫指尖，精神換發。

【用法】

如對方用雙手將我推得站立不穩或失去重心時，我則意想「命門和丹田」，即可穩如磐石。

以上所介紹的是太極拳 37 式的全部動作和每個姿勢的用法。當整套架子盤完之後，須要回憶一下在盤架子當中，有哪些姿勢或動作做得不夠理想，如果有，就把它們提出來單獨練習，直至練到順遂自然為止。

王培生談太極拳的理與法

太極拳的基本八法

所謂「八法」，就是根據太極拳中八種手法（也是八種勁別）作為功法的訓練手段。拳譜上常見「太極十三勢」之說，若把十三勢理解為十三個姿勢，這是不夠正確的。實際上是太極的十三種方法，即掤、捋、擠、按、採、挒、肘、靠、進、退、顧、盼、定。而前八個字為八種手法，後五個字為五種步法，俗稱「八門五步」或「八卦五行」。所謂「懷抱八卦」，亦是指的這八種手法。這八種手法與「文王八卦方點陣圖」有嚴格的四正四隅關係。由於八卦方位不同，卦象亦有所變化，便又產生了八樁之動靜、虛實、陰陽互變等功法之訓練方式。

太極拳屬內家拳種，八卦方位與人體對應各有其竅，而每竅在人體經絡臟腑中又各有其位。因此，本法的練功，必須以意引氣，按竅運身，意到氣到，氣到勁到，此為內功之要義。實踐證明，久練得道者，不但在技擊上運用自如，而且在保健上更能起到防疾祛病之奇效。

八法習練順序如下。

預備式

兩腳並齊，自然直立，兩臂下垂，使手心貼近大腿兩側，目視前方。全身肌肉、關節放鬆。由上肢的食指梢節起，想像關節拉開，然後依次想像上肢各關節以至肩關節一節節拉開。繼之想下肢，由腳大趾起往上逐節拉開，直至胯關節。之後再想脊柱，先由尾骶骨想起，想下節往下墜，上節往上提，如此一節一節往上想，直到大椎，最後意想第七頸椎至百會穴。目視前方，下頜微內收。這就是拳譜中所說的「尾閭中正神貫頂，滿身輕利頂頭懸。」

預備式要求達到入靜，即覺得身上有搖晃感，恰似站在一隻搖擺的船上，這是氣血蕩動所至。如果沒能達到搖晃，說明思想還未專一，還留有雜念。有了搖晃感而後則控制住它，這就在於呼吸（並非指平常的口鼻呼吸）的調理了。

這裏的呼吸調理即是意想命門（左腎的右側和右腎左上角），一想命門，體內之橫膈膜就會自動提起，肚臍隨之向後收縮，似貼到命門穴上（如果一時還沒有這種感覺，可將意念停在命門上，直到有了感覺為止），這便是「吸」。有了肚臍貼命門之感覺後，意想命門推一下肚臍，使肚臍離開命門回至原處，這為之「呼」。如此一拉一回，一收一縮，如同拉風箱一般，感到氣往下來，直到小腹，再到會陰，到腳心，到腳大趾。氣到力到，此時腳大趾有了力，便站穩了。這種呼吸，在拳譜上叫做「胎息」，也叫「嬰兒息」，是太極拳的基本呼吸方法。

胎息三次後，呼吸便應和平常一樣順其自然。有人認為每一動要一呼一吸，這是錯誤的，有的動作，一口氣完

不成反而憋氣。舊式鐘錶，
要先上弦，然後撥幾下鐘
擺，它才開始走動。預備式
如同上弦，而胎息則猶如撥
擺，然後就會自動走起來。

圖 2-1

掤　手

由預備式開始，右臂由
下向前上方抬起，手心朝
前，當大拇指對正鼻尖時，
將手心朝後轉；同時，左手
自動抬起，並以中指指肚扶於右曲池穴上。右腳向前邁一
步，腳跟先著地，隨之腳心、腳掌、足趾逐漸落地。此時
意想命門穴與右環跳穴相合，右手心便自動轉向前方。鼻
尖與右膝蓋尖、右腳尖上下垂直，右手拇指指甲與右鼻孔
前後對正，左手拇指指甲對正心口窩，橫著對正右肘尖。
目視右手食指指甲內側，重心落於右腿，右腿屈膝前拱，
左腿在後伸直，兩腳成右弓箭步（圖 2-1）。

左右式動作要領相同，唯姿勢相反。

擠　手

由預備式開始，以右手之食指引導，使右臂朝右前上
方抬起並伸直往左前方移動，至使右手食指指肚和左眉梢
前後對正。此時左腳自動向前邁進一步，隨之，左膝屈，
右腿則在後伸直，重心落於左腿，成左弓箭步。同時，意
想右手手背之前方似有一大而重的物體牢牢地貼著之感

覺；然後再想夾脊穴（脊背大椎下邊）。此時，左手脈門便會隨著身子的扭轉而自動地貼於右臂的曲池穴上，兩手有如三角鐵架一般固定住，任由身體之轉動，始終保持貼緊，絲毫不鬆散。而前腳則必須落在右手背和左手中指尖之間的正中點的地面上（圖2-2）。

圖2-2

這樣才會產生一種往前衝的巨大力量，否則，擠勁便會失效。勁的真正威力效應，正如拳譜中所說：「擠勁係十二地支裏的卯字。方位在東方。五行為甲乙木。木屬直性。」發此勁力至人身上，就好像木頭槓子杵在身上一般厲害。

若要接著做擠手左式，其動作相同，唯姿勢相反。

肘 頂

由預備式開始，右腳向正前方邁進一步，隨之屈膝前拱，重心落於右腿，左腿在後伸直，形成右弓箭步。同時，左手拇指朝天，小指向地，朝正前方伸出，以手心與右肩井穴相合，左手中指指肚之中衝穴與右肘之曲池穴相貼，意想以右手心找右肩井穴，最後意想頭頂之百會穴踢上天空，右腳心之湧泉穴踏入地中，右肘肘尖向前穿透無阻，兩眼則沿右肘尖方向平視。練習肘頂之功法時，心中應裝有三條線：頭頂心向上一條線，右腳向下一條線，右肘向前一條線，此三條線和眼神要自覺向無限遠伸展（圖2-3）。

圖2-3

圖2-4

而肘頂之左式與右式動作相同，唯姿勢相反。

肩　靠

由預備式開始，右手由下向前上方抬起與肩平，並意想右手之拇指、食指、中指、無名指、小指的指甲蓋遂遞向上托起之後，又意想右臂的腕、肘、肩之關節一一折斷脫落於地。同時，在左手向前抬起與肩平時立即向左向右後方落下，落至左手腕靠近右肋，使手心朝後下方，兩手虎口成遙遙相對之勢。兩眼朝身後回顧右手食指指甲，左腳自動往左橫跨半步，左肩自動轉向正前方，而意念則在腦後之玉枕穴（圖2-4）。

左式與右式動作相同，唯姿勢相反。

捋　手

由預備式開始，以左手食指指肚觸摸右眉梢、右眉

攢，兩眼注視左手食指指肚，
這時，手眼的距離便自然拉
開。繼之，左手食指指肚轉向
外，以食指指甲蓋對正左眉攢
到左眉梢，眼神轉到左食指指
甲上；與此同時，右手自動抬
起，使右手中指和左手拇指相
平，兩手間隔一掌寬。右腳後
撤一大步，左腿屈膝，右腿伸
直，重心落於左腿，兩腳成左
弓箭步（圖2-5）。

圖2-5

左右式動作要領相同，唯
姿勢相反。

按　手

由預備式開始，右手朝前
抬起，拇指和兩乳中間之膻中
穴相平；左手隨之也抬起，拇
指和肚臍相平，兩手隨同身體
左轉而向左方，並分落在左腳
的兩側，手心朝下。同時，左
腳朝左後方撤退一大步，右腿

圖2-6

屈膝，左腿伸直，兩腳成右弓箭步，重心落於右腿。兩眼
順右食指尖內側向下注視，意欲入地三尺（圖2-6）。

左右式動作相同，唯姿勢相反。

採　手

由預備式開始，左腳後撤並步，腳尖外擺，屈膝略蹲，膝蓋尖與腳尖上下垂直；右膝蓋之內外邊沿與腳腕之內外踝骨相對，上下垂直。右臂鬆肩墜肘，手指尖朝天，大拇指則與鼻尖前後對正，中指尖與肘尖上下垂直；左手的虎口貼於右曲池穴處。兩眼順左手食、中指的縫隙往下注視，意欲入地三尺（圖2-7）。

採手之左式與右式動作相同，唯姿勢相反。

捌　手

由預備式開始，左手在身前自左向右平移至極點時拇指靠於右肋，右手隨之向右上方抬起到極限後向左向下落回原位；動作不停，繼續往右移至

圖2-7

圖2-8

身體右側，使兩手虎口相對，手心向下。右腳在兩手下落的同時蹬地提起並置身前左側，膝與胯平而垂懸不落；左腳單腿支撐體重。目視右手食指指尖（圖2-8）。

捌手之左式與右式動作相同，唯姿勢相反。

1. 上捯

由預備式開始，意想右肩井穴和左環跳穴合，重心自動移至左腿，身體也隨著略微下蹲。再意想右曲池與左陽陵泉穴上下垂直，右臂微屈，手心朝天；同時，左臂微屈，並使手心扶在右臂彎處，目視右手食指肚。左腳向下蹬地，直到蹬不上勁為止；右腳下蹲，並借此下蹲之勢自動向前邁進一步，右膝微屈，左腿伸直，兩腳成右弓箭步，重心落於右腿（圖略）。

在操練本式手心向上時，意要放在腳上。不要忽視這一點。

左右式動作相同，唯姿勢相反。

2. 下捯

接上動。將右手手心翻轉向下。同時，左腳向前邁進一步，並意想右手心往左腳心上按一下（邁步和按手在時間上要協調一致，才能發出一種向下的捯勁），左臂自然下垂（圖略）。

左式與右式動作相同，唯姿勢相反。

上述是「八法」的操練方式和要領。它不僅在健身方面符合醫理，而且在技擊上符合力學原理。

太極拳的七星八步

一、預備式

西南站立，兩腳並齊，意想陰陵泉相貼，尾骶骨由後向前上回鈎鼻尖，兩目向前平視遠方，兩臂自然下垂，全

圖2-9

圖2-10

身放鬆，心情安定，精神內守，旁若無人，虛、靜、鬆、空（圖2-9）。

二、頭（首）星、自然步

接預備式，鬆右肩，墜右肘，隨後右手抬起，右掌立於當胸，掌心向左，中指尖與鼻尖齊，意想中指尖找人中穴，人中穴找中指尖；左手抬起後置於肚臍上（圖2-10）。此式為道教儀式，名問心掌。

隨之，目視右前方，同時頭部之後頂（百會穴後面）向上頂起，腳跟離地，意想後頂追眼，然後腳跟落地。雙目轉視正前方，後頂追視線，腳跟離地，然後腳跟落平。此屬踵息法，「至人息以踵，由腳跟而頭頂一氣呵成」，目的是疏通由腳跟至頭勁之氣脈。緊接著頭向左轉，目視左前方時左手抱拳，目視左前下，左腳向前上一大步，右腿跟進，與左足成並步；同時左拳向左上方直沖，右手掌

扶於左臂彎處（圖2-11）。繼之，撤右步，栽左拳；意想後頂追拳眼，身前傾（圖2-12）。左足蹬地，並借蹬地的反作用力，身體後移，兩臂向後分展如飛騰，兩足並步，合掌當胸（圖2-13、圖2-14）。

圖2-11

圖2-12

圖2-13

圖2-14

圖 2-15

圖 2-16

三、肩星（坐步）

接上式，重心右移身下蹲，左手左足同時前出，左手心朝裏，拇指對準鼻尖，右手中指扶於左臂彎處。左足尖蹺起，足跟著地，儘量將足後跟之筋至頭頸部之脖筋抻開。諺云：「寧練筋長一寸，不練肉厚三分。」「筋和者昌，筋硬者亡。」此為右肩星（圖 2-15）。續做左肩星，左肩星動作與右肩星動作相同，左右相反（圖 2-16）。

四、肘星（跨虛步）

接上式，左肘向後平拉，左肘之曲池穴向後下沉墜，右手向前平伸。鬆坐左胯提右膝，右足尖點地，目視前方。此為右跨虛步（圖 2-17）。隨之，右肘尖向正西平拉，尾骶骨隨右肘移動，右足前進半步，左腳隨跟進半步，屈膝略蹲，重心寄於右腿；左手向前平伸，左足尖點

圖 2-17

圖 2-18

地（圖 2-18）。

五、手星（弓步）

接上式，左手背向左前探貼，左足向左前上一步，屈膝前弓；右掌根按於左手腕脈門，右腿伸展，右足後蹬；目視左前方。此為左弓步（圖 2-19）。

右手背向右前方探貼，右腿隨之向右前上一步，屈膝前弓；左掌按於右腕脈門，左腿後蹬；目視右前方。此為右弓步（圖 2-20）。

六、胯星（仆步）

接上式，意想右胯環跳穴往右足湧泉穴上落，右腿屈膝略蹲，重心移於右腿；左腿隨移向右腿之左側伸直，使兩腿成仆步。同時，右臂屈肘，右手心向下，虎口靠右肩；左臂向左伸直，手心向下，停於左足外踝骨垂直線

圖 2-19

圖 2-20

圖 2-21

圖 2-22

上；目向左平遠視（圖 2-21）。

　　然後，意想左胯往左足上落，左腿屈膝略蹲，重心移於左腿；右腿隨移向左腿之右側伸直，兩腿成仆步。同時，左臂屈肘，左手心朝下，虎口靠近左肩；右臂向右伸直，手心向下停於右外踝骨垂直線上；目向右平遠視（圖 2-22）。

七、膝星（獨立步）

接上式，重心右移，收肚臍，提左膝，左臂前伸，左手拇指扣於手心，右手捂於臍上；目視前方（圖 2-23）。

左足向前落地；收肚臍，提右膝，右臂前伸，右手拇指扣於手心，左手捂於膝上；目視前方（圖 2-24）。

右足向前落地；收肚膝，提左膝，左臂前伸，左手拇指扣於手心，右手捂於臍上；目視前方（圖 2-25）。

圖 2-23

圖 2-24

圖 2-25

王培生內功心法太極拳

圖 2-26

圖 2-27

八、足星（扣擺步）

接上式，左足落地，足尖裏扣，約距右足尖 10 公分，與左足成八字形。左手扶於右肘曲池穴上，右手背貼於左肘少海穴上。空胸緊背，兩膝相貼，尾骶骨下蹲；目視前方（圖 2-26）。

右臂向右擺，右手虎口朝下；同時右腿隨向右上步，左手置於小腹右側；目視右手虎口。兩腿成馬襠步，左腿承擔體重 70%，右腿承擔體重 30%（圖 2-27）。

右手心扶於左曲池穴上，左手背貼於右肘少海穴上。左腿上步，向右轉體 180 度，足尖裏扣，與右足成八字形，空胸緊背，兩膝相貼，身體下蹲（圖 2-28）。

右臂右腿向右後方同時擺開，兩腿成馬襠步，左手置於右小腹前；目視右手虎口（圖 2-29）。

圖2-28　　　　　　　　　　圖2-29

九、收式（童子拜佛〈歇步〉）

　　接上式，左肘向左平帶，將右腿帶起盤於左膝上，雙
手合掌當胸成童子拜佛狀。右足隨即向前扁踩落地，左膝
抵於右腿膕窩處，身體向下蹲坐成歇步（圖2-30）。

圖2-30　　　　　　　　　　圖2-31

圖 2-32

圖 2-33

　　然後左腿後撤，右腿回收，右足向左足靠近並齊。兩手向前伸平，兩臂分向左右平展，隨後緩緩落下（圖 2-31～圖 2-33）。

太極拳的基本八要

　　太極拳的基本八要是八個字，即「中正安舒，輕靈圓活」。下面將每個字在拳術中的含義解釋如下。

　　首先談「中」。從字義上看，「中」和「正」似乎是一個，實際不是。這個「中」不是從表面上來看，而是從內部。內部「中」指的是什麼？指的是人身體內部的血氣，也叫「中氣」（氣功中叫「真氣」，拳術中叫「中氣」，是人身體裏邊的中氣。這個氣包括血，就是氣血，「氣為血之母，血為氣之帥」）。簡單地說，人體本身就是由氣血而形成的，氣血失調就會生病。所以練太極拳的

目的，就是使自身氣血達到平衡，這樣才謂之「中」。

這跟下面的「正」字有連帶關係，兩個字連起來是「中正」，從外形上看，是四肢形態的必周必正，實際是裏面的氣血已經正了，就是不偏不倚。

儒家的中庸之道是：「不偏之謂中，不倚之謂庸。中者天下之正道，正者天下之定理」，實際上也是指裏面的氣血達到平衡。因儒家以中庸之道為修身之本，它把「命」稱「天命」，「天命之謂性，率性之謂道」，也是性命雙修。還說：「道也者不可須離也，可離非道也」，這句話的意思在修身方面，也是指裏邊的氣血保持中正平衡，不要失中，失中以後是要生病的。所以打太極拳要求中氣必須不偏不倚。中正的真正含義主要是指裏邊的氣血中正，裏邊的氣血協調了，外形的姿勢也中正了。

在實際做的時候，就是要求尾骶骨與上丹田成一條直線。上丹田為天目穴，也叫天谷、玄關、祖竅，好多名字，這個點是兩隻眼睛，這是明顯的兩個點。實際做時是想兩眼兩眉正當中往裏一寸，再由囟門（在百會穴的前面，即小兒能動的腦門）往下一寸這個交接點處，裏面是一個圓球，這是藏神之所。就把這點用意念注意它，再把它跟底下的尾骶骨結合起來，上下成一條線。拳論中說：「尾閭中正神貫頂，滿身輕利頂頭懸」，能做到尾閭中正，裏邊的氣血也就達到平衡了。實際做時就是尾閭找天目穴，就是尾閭往前一找就正了，眼神平視前方，這叫「虛領頂勁」或「頂頭懸」，都是它。

所謂「中正」，就是裏邊的這個圓圈（天目穴）老跟尾閭保持中正。小腦必須正，因為小腦是掌握平衡的，人

身平衡的維持需要由陰維陽維（這屬於奇經八脈）來掌握。陰維陽維的變化在裏邊，主要是根據兩個黑眼球，比如你站著，眼睛往下看，你小腦就前傾；你往上看，小腦就倒仰，也是不穩的，這一不穩之後，裏邊的氣血就不平衡了，就緊張了，就影響了呼吸。

血液的運動是由氣的壓迫，血液所走的路線是在血管裏邊，氣的行徑是在管壁之外，在血管的外面是行氣的地方，血管的裏面是行血的地方。血液的流動是由氣壓迫血管壁，管壁受壓迫後血才流行。人的氣一沒了，那血馬上就停。我們即使端一杯水也得用點力，這力是由氣血衝動的，手指一緊張，集中力量，茶杯就端起來了。如果想使勁，但血液不過來，也端不起來，如上肢癱瘓的患者就連茶杯蓋也拿不起來。

或是使僵勁、拙力，如手腕一打折，血液就過不去了，指梢就涼。所以練拳的時候必須要求輕靈、放鬆，要求放鬆的目的就是求氣血達到平衡，並且要始終保持平衡，不論練拳或推手，都要力求保持氣血平衡。

維持平衡是靠陰維陽維，上回講到身外之六球，那是眼球的兩個瞳仁，是兩個圈，再加上玄關也是一個圈，這是三個圈，這是由眼球掌握的。虛領頂勁也是這個，頂頭懸要以頭（後腦）把身子領起來的時候眼睛必須平視前方，如果你低頭貓腰，你眼神老往下看，你的脊椎自然就彎下去了，如同捕風捉影，這是源之八反。

所以太極拳的基本八要首先要求達到一個「中」字。這是簡單地講一下，大家明白這個道理就行。總之，「中」字所指的是氣血保持平衡。

第二個字是「正」。「正」是什麼？就是要求姿勢正確，裏頭是不偏不倚，實際是達於方圓。有規矩，按規矩去做達於正。怎麼算姿勢正確？就是間架結構，跟寫字似的，有賓、主、謂，你怎麼去安排它，實際也是離不開平衡，所以跟上一個「中」字是連帶關係。如摟膝拗步，手往前去腳配合，後腿輕了就夠了，如果輕了還往前去，就是一頭沉，這樣姿勢也不正確，裏頭也失中。你一失中，頭一個字又丟了，氣血就不平衡了。所以這些字呢，都是圍繞著一個「中正」，要保持氣血平衡。

怎樣來達到氣血平衡？是逐漸地深入。怎麼樣來維持它？要達到「中正安舒」這四個字。聯繫起來講，身體中正安舒才能支撐八面，那是拳譜上這麼講的，我們現在把它歸納起來也是這樣做。「正」就是不偏不倚，不要左右歪斜。有時體重在左腿，如蹬腳，腿一起，如果你意念一想這腿使勁，身體就偏了，如果還想提高一點，使點勁，實際腿也起不來，還是硬的。前手只是個定盤星，是個陪襯。姿勢達到正確，也達到平衡，這個「正」字是按著規矩去做，有方有圓，達到中正。兩個字結合起來，這是外形，從外形上看達到「正」，不偏不倚，裏邊也保持氣血平衡，外邊姿勢正確了，就不影響裏邊的氣血平衡，實際是呼吸就代替裏頭了。

簡單地講，就是外邊的勁，裏邊的氣，要配合協調一致，就是調平裏邊的氣。這樣講易懂，但做到不容易。今天講得細緻具體一些，使大家能夠掌握它。眼神平視前方，「中」就做到了，要立如平準，立身中正。下面的要求是要「安舒」。

「安」是什麼意思？是安穩的意思，態度安詳，很自然。安是穩，也是平衡。身體平衡要穩定。平衡穩定中最穩定的是隨隅（遇）平衡。隨隅平衡指的就是重心既不升高也不降低，老保持原來的重心點，如同球體。練拳和推手都要時時保持隨隅平衡，這就達到穩定了，無論對方怎麼推，我既不貪功也不著急，這樣就可以保持隨隅平衡。隨隅平衡的掌握還是剛才說的，小腦是掌握平衡的，就是小腦（後腦）跟支撐點保持垂直，就是跟支撐體重的那條腿保持垂線，成一條鉛垂線，這就穩了，穩了就是隨隅平衡。這重心既不升高也不降低，它的外邊挺圓，所以推手呢，就是維持這重心，發力點一超過對方重心，對方就出去，超不過他不出去。所以掌握平衡就是小腦跟支撐點保持垂直線，還有眼神必須保持向前平視。

今天講的這八個字相互都有連帶關係。「中」離不開「正」，「正」離不開「中」，「安」也離不開「中正」。重心達到平衡時你才能得到安穩。

「舒」是什麼？從字義上講是舒適、舒服，放到我們身上呢，是胸部的喘氣都要達到舒適的境地。舒的意思還有開展，都要鬆開，你才能舒服。練拳時要求全身都得放鬆。有的人把放鬆理解成一點勁都沒有了，這樣就疲塌了，是不對的。

上次講過，柔不是軟弱沒有力量，柔是跟剛相對的，柔就是不跟對方抵抗，就是「人剛我柔謂之走」，是不抵抗，不是不用力。還得保持你的自然，你自然，本力一點也不破，就好比你兜裏有一分錢，你出一趟門一分錢都沒花，還保持原來這個，不傷元氣。推手也好，練拳也好，

老是那麼舒舒服服的，要達到這種境地。

「舒」有開展的意思，開展大方、姿勢優美也都在這裏面，你要是舒展不開，就不會開展大方。

「中正安舒」四個字聯繫起來才符合拳理的要求：「能支撐八面」。支撐八面就是四正四隅這八方來的力量我全能應付。要能應付自如，你必須做到「中正安舒」。

還有「輕靈圓活」，這幾個字的運用在推手當中占的比重大一些，練拳也要求輕靈圓活，占的比例小一些。前面的四個字做到了，後面的四個字比前面的要求又高深一些；高深一些是應外來的刺激。在推手時，外邊有突然襲擊，這時你必須輕靈圓活。

就「輕」字來講，何謂「輕」？輕不是輕飄、飄浮，不是那種就跟什麼都沒有了似的輕飄飄的勁。所謂「輕」，就是跟人睡覺時很機警那樣，稍微有點動靜他就醒，說這人睡覺很輕，外邊有一點干擾他都知道。這個「輕」字是皮膚的毛孔都要張開，警覺性要高，要鍛鍊神經末梢的靈敏性，就是在接觸點上，神經末梢的這種靈敏性有了，那輕靈就體現出來了。

這輕字的練習方法，在推手裏面要從「沾連黏隨」四個字去求，「沾連黏隨」求出來時才能做到輕。飄浮不行，飄浮你也沾不起來人。「沾連黏隨」的沾分四個力量，簡單地舉例子，好比我們要把紙沾起來，你手上得抹上點漿子，你漿子抹夠了，一沾就起，漿子乾了、少了，一沾沒有黏起來；沒有沾起來呢，還黏著一點，「黏」是要掉而不掉，反正是沒有沾住。那沾住是一沾就起，整個地把它沾起來；「黏」是沾沒有起來，它還連著，就是剛

才那個沾勁小了，不夠，出個「黏」字。再小一些是它掉了還連著，像藕斷絲連，這個力量又不足了。你說還（黏）有點東西，衝這點你還想再沾起來，你再續點力，（漿子）還不是太乾，還有這麼點東西，這說的都是那個「氣」。

「隨」呢，就是他沾上連著沒有多少了，你還得順著他；他倒或掉，你還得順著他那勁走，不等他倒你還得把他拉起來，這叫「隨」。這樣做到了，這「輕」字就符合要求了。所以難就難到這個地方，這就叫輕，你飄浮就沒有了。所以你得輕輕地沾，勁大了就起不來了。就跟那寫字似的，你這一筆下去一大塊黑，就寫不出好字來，連紙都給弄髒了。所以必須要輕。在練拳當中你得用意念仔細琢磨出來，回頭才能出來這種輕。

「靈」，何為靈？即遇到障礙它有反應，能自動地躲避障礙，或繼續前進，或轉移方向，如同水的滲透，無孔不入。輕則靈，又像蚰蜒頭上的觸角，鬥蚰蜒就有閃展騰挪，出其不意，練拳、推手必須要達到這種靈。

「圓」，太極拳運動就是圓運動，都是走弧線。尤其是攬雀尾最明顯，就是陰在內，陽在外，開始是陽半周，然後是陰半周，接著又是陰半周，兩個陰成一個圓。然後陽再接著剛才這外圈，外陽而內陰是兩個圓，實際能治病的是在這五動和六動，陽變陰，這時候治糖尿病和腸胃病。

「活」，「圓活」這兩個字有連帶關係，總的來講這八個字都有連帶關係，前面七個字都做到了，最後還必須達到「活」。這「活」指的是什麼？是人本身的那個本能力量，不管力大力小，都要把這力量練成「靈活」，以此

為主。在未練拳之前的那種力叫「拙力」，自己的本力是拙苯的力氣，透過鍛鍊，前面那七個字做到後，出來的一種力叫做「勁」，就是由基本八要的鍛鍊，都達到要求了，就把原來笨拙的力氣練出「勁」來。

這種勁是活的，輕靈又靈活，就是拳論所說的：「一舉動周身俱要輕靈」。這「活」要活到什麼程度？就是拳譜上所說的：「行氣如九曲珠」；拳論上還有一句：「勁以屈蓄而有餘，氣宜直養而無害。」要能達到這兩句的要求，就必須做到活。這活要像「行氣如九曲珠」那樣的活。「行氣如九曲珠」是什麼意思？比如珠子本身是圓的，外形是圓的，滾轉靈活，這種理解跟拳論的兩句話關係不大，關係大在哪兒？是珠子裏面那個圓孔，就是拿線穿珠子，如和尚念珠 108 顆，得拿線一顆顆地穿起來，這行氣就等於拿線要穿珠子似的。

拳譜上還說要「節節貫穿」，「一舉動周身俱要輕靈，尤須貫穿」，其中「貫穿」的意思就是每節每節都要連接起來，就像蜈蚣的身子，每節每節都要動，「一動無有不動」，這些話都有連帶關係。

怎麼就能像「行氣如九曲珠」？雖然珠子有孔，兩頭貫通，但孔道中間並不光滑，而且是彎彎曲曲的，如果線頭很軟，還是穿不過去。所以必須把線頭捻捻，給他合一合，使它有點剛性，後頭那柔勁可以跟著走、穿過去。珠子孔眼距離雖短，但孔道是曲折的，要剛柔勁配合起來，若都是剛，遇到障礙就被頂回來。所以頭裏遇到一個剛勁，由於堵塞，後頭一軟，它就退回一些來，他前面再一摧呢，又進去了。

剛柔相濟就是無孔不入、無堅不摧，如「百煉之鋼」。這些都是拳譜上說的，連帶關係都是很密切的。「行氣如九曲珠」就等於拿線穿珠子，我反覆強調的意思是想讓大家明白：在行氣的時候，不要讓它有阻礙，一有阻礙，我們則用剛柔相濟的勁，必須達到目的。還不能偏，偏剛了不行，偏柔了也不行，必須要剛柔相濟。

這剛柔相濟怎麼才能做到呢？就是必須要「活」，最後這個字是要「靈活」，就是你必須把本身的力量（無論力大小）鍛鍊到靈活為止。總之「活」指的是「行氣」，在推手時，只要氣過去了身子也就過去了。行氣要以心行意，以意導氣，導氣要有個「線頭」，就像穿珠子似的，找著孔道往裏鑽。

太極五行步

五行在人體臟腑對應有竅位。要練好武術，須知步法五行，即前進（水）、後退（火）、左顧（木）、右盼（金）、中定（土）。

1. 前　進

前進在五行中屬水，方位正北，人體對應竅位是會陰穴。

【練法】：如欲前時，只要意想會陰穴，眼神朝前上方看，身體便會自然前進。

2. 後　退

在五行中屬火，方位正南，人體對應竅位是祖竅穴。

【練法】：如欲後退，只要意想祖竅穴，眼神向前下

看，身體便會自然往後退。

3. 左　顧

在五行中屬木，方位正東，人體對應竅位是夾脊穴。

【練法】：如欲旋轉前進，先抬起雙臂並伸直與肩平，兩手食指直指前方，其餘四指回扣手心。只要意想夾脊穴往實腳之湧泉穴上落，身體便會自然地螺旋著前進。

4. 右　盼

在五行中屬金，方位正西，人體對應竅位是膻中穴。

【練法】：如欲旋轉後退，只要右手抬至與乳平（即拇指和膻中穴相平），手心向下；同時，左手抬起至肚臍與心窩之間，手心朝下，意想膻中穴微收，眼神順左手食指方向往下看，入地三尺，身體便會自然地螺旋後退。上述為左虛右實，反之亦然。

5. 中　定

在五行中屬土，方位正中，人體對應竅位是丹田穴。

【練法】：如欲立穩重心，兩手叉腰意想命門和肚臍，立時就會身穩如山嶽。

「五行修正果」。以上五步應五行，五行在人體應五竅、五臟，因而五行步練在內形於外。在練習時，注重意念即可，外形（手法）可隨意。在應用時，只有內外相合才能靈活奏效。

太極十三勢解密

「太極本無法，動即是法。」這說明了「太極」二字的真正意義。因為太極拳沒有固定的法則，實際就是以十

三勢，即八方（八卦）四正四隅，五步（五行）前進、後退、左顧、右盼、中定，這十三字合而謂之「十三勢」。

「太極本無法，動即是法。」這句話說明太極拳比一般拳多一著，多一手，是以對方為主。你好比會 36 手，太極拳就 37 手；你會 108 手，太極拳就 109 手，就是老高那麼一著，就多那麼一點，就跟下圍棋似的，黑子、白子，老多那麼一子，就老取優勝位置。

八卦是指四正四隅，掤、挒、擠、按為四正，採、挒、肘、靠為四隅，謂之八方。這八方的位置都在人體本身，將來講推手時，實踐體會就有意思了。

按《易經》說的十二地支有六沖六合，十二地支是：子、丑、寅、卯、辰、巳、午、未、申、酉、戌、亥。十二個位置在人體本身，裏面包括八卦，即八方，而八方的位置如下。

1. 掤

掤勁屬水，在北方，北方壬癸水。人身有命門穴，在兩腎（兩個腰子）中間，右腎的左上角，此處發掤勁。過去書上也有「挒南掤北、擠東按西」的說法，從前一般是秘而不傳的，我今天把這些給大家介紹，你們想著來回那麼做就行。用掤勁時，手上不用使多大力氣，只要你注意想自己的命門穴，眼神看對方眉手（眉攢、眉梢），他人就起來了。而掤勁屬水，見縫就鑽。

2. 挒

挒勁屬火，在南方，南方丙丁火，人體為玄關竅，在兩眉當中，你看人坐著，「火」字也就表現出來了：由鼻子尖到右眉毛是一撇，到左眉毛又是一捺，這是個「人」

字，再加上兩隻眼睛這兩點，就成「火」字了。這火，又叫「午火」，火能化萬物，在太極拳中叫挒手，是舒展的意思，好比有褶子的地方，給它畫拉平。在力學上叫做分力（那個發勁叫合力），即力的合成與分解。分力怎麼分？如來手集中，給它分開、分散，比如要卸一車磚，拿起磚來就喊嘿唏嚓都給它卸了，不要去碼好（沒有那麼多工夫）。實際上對方來手了，你就隨便把來手這兒一扔，那兒一扔；這兒一挒，那兒一挒，把對方來的力分開，化整為零，給它分散了。合力是化零為整，把很多的力集中在一點上，那是掤勁，就是位置不同。

【挒的方法】：用眼神帶著自己的手去畫自己的眉毛，比如用右手畫，先是手心向裏從左眉梢畫到左眉攢，再手心向外從右眉攢向右眉梢畫去，這是陰陽變化，由陰掌變為陽掌，即由柔變為剛，先柔後剛，這時對方就起來了。不管對方的力多大、多衝，也不用著急，輕輕一畫就行。畫時後手不能弱，前手帶著後手走，做等距等速運動。熟練後眼看眉毛就行，往左看，人往左轉，往右看，人往右轉。這叫挒。

3. 擠

擠勁屬木，在東方，東方甲乙木，為直勁，在人體脊背。發的時候意想脊背，要發出整勁，就是兩手的兩個接觸點，像兩條電線的兩個頭，前腳放在兩個接觸點的中間，再用脊背去找前腳。眼神要穿過對方，越往遠處看，這人出去的就越遠，像木頭椿子杵一下那個勁。前腳尖的位置就放在對方的腳跟，往前邁，一個衝力，就跟大木頭椿子似的杵出去了。有時你意念想得足，如屋子有多大，

木頭就多粗，很大的一墩擁出去。

擠勁也叫打擠，打穿透。

4. 按

按勁屬金，在西方，西方庚辛金，按破擠。酉金在前胸，即肺臟，用按須涵胸。具體做法是：前胸與右手合（酉與巳合），手與前胸一平就按。按不是用力按，比如用力去按汽椅子，越用力按人蹦起得越高；又如推手，兩人較勁，像摔跤似的，越按越起。所謂按勁，實際上輕輕一扶就行了。向左化對方，體重放在右腿，眼神往左下方斜看，使對方來衝力以後往斜下倒。你左手跟前胸對正以後，體重放在左腿，眼往右下方斜看，一涵胸就是，這是向右化對方。

現在四正有了，即捋南、掤北、擠東、按西。發掤勁進攻，用捋勁化解；對方用捋，你用擠來進攻，就想脊背，往這兒一想，前腳必須放在兩點當中，不能偏，偏了就打旋，力量不足。比如打撞球，不能往邊上打，一定得打它的中心點，打的必周必正。自己的腳、兩手與對方接觸的中心線，必須掌握好，再用脊背去找前腳就行。

十二地支是：子、丑、寅、卯、辰、巳、午、未、申、酉、戌、亥，在人體的位置如下：

腰為子，右胯為丑，右腳為寅，脊背為卯，右肩為辰，右手為巳（體重在右腿），玄關為午，左肩為未，左手為申，前胸為酉，左胯為戌，左腳為亥。若體重在左腿時，除子、午、卯、酉四正（東西南北）不變，其餘四角（四隅）則有變換，即左胯為丑，左腳為寅，左肩為辰，左手為巳，右肩為未，右手為申，右胯為戌，右腳為亥。

而四正又是子午相對，卯酉相對，東為脊背，西為前胸，南為玄關，北為命門，四隅為東南、西北、西南、東北，隨體重的轉移而來回變化。而肩、胯的交叉變化叫丑未辰戌，手足的交叉變化叫寅申巳亥。四正為掤、捋、擠、按，四隅即採、挒、肘、靠。

5. 採

採是午與未合，「採」是選擇的意思，挑選對方的弱點（背力不得勁的地方）採他一下，使對方的重心越出體外。採是由前上方向後下方，是自己用玄關穴找採勁一側的肩井穴。採勁要出向外放射的勁，不管對方發多大的力氣也要把他採住。採是怎麼個採法？如對方揪住自己，你就拿午與未合，拿眼神看右肩，對方就起來了，拿眼神看左肩也行，都為採，看左右肩要根據體重的位置而定。

6. 挒

挒是手與腳分，挒是使腳蹬地，用手托天，整個與採相反的，挒是分開。

7. 肘

是意念上勞宮穴與肩井穴相合，即手、肩、肘向前打，好像寶劍尖。你若往前打，對方一扶著肘，你就拿手找肩，這人就起來，手找肩就頂回去了。如果向後打肘，即肩找手（辰與巳合）。若用肘採也一樣，你拿肩找手，這人往後栽；手找肩，這人往前打，只要對方扶住胳膊，一找，對方就出去了，這是前後。平肘是拿手找肩，一平，就像寶劍尖似的。肘法的練習有 16 種。

8. 靠

是肩與胯合（腰找胯也行，胯找足也行），對方不管

扶住哪兒，拿胯與足一合，實際胯與肩也合了，肩靠、背靠、肩打、胯打都行，好比肩與對方要接觸了，接觸點與眼神是相反的方向。

肩與胯合也是交叉相合的，左肩與右胯，右肩與左胯。丑戌屬胯，辰未屬肩，用相衝力，要配合眼神，眼回頭看的方向與接觸的肩或背同手找成相反的直線。

靠是擊打的意思，最重要的是在視線，這點要特別注意。好比肩要與對方接觸了，讓接觸點與眼神成相反的方向就行。要記住，如肩向右前方發，回頭一看，視線與接觸點成一條反方向的直線。若眼往前看，力量去不了，一回頭力量就去。

採、挒、肘、靠為四隅，也是循環互用的。對方用肘我拿採破他；對方用挒呢，我以靠來破；用挒破靠，也是那麼循環的。

四隅補助四正之不足，四正用不上了，不靈活了，用四隅。就是出圈以後，拿四隅補助四正之不足。

糾正姿勢用十二地支，每個姿勢組成都由六沖六合，「六合」是一個姿勢完成了，而在一個姿勢的過渡期間為「沖」。比如抱七星，這怎麼編六合呢？就拿實腿為一條直線，在一條凳子上也行，在一塊磚上也行，就是體重在右腿，拿子（腰）與丑（胯）合，即腰與右胯合。寅與卯合呢？右腳為寅，拿脊背、腰胯跟它合，命門脊背，腰胯跟它合了後，卯（木）與寅，即脊背與右腳合，也在一條直線，這叫子丑寅卯。辰（右肩）和巳（右手）也往右腳集中，午（玄關）未相合，看著他以後給他領起來。未也往實腿集中，申是左手，大指對正前胸。戌亥是左胯左

腳，往前伸直後，意念全在這集中就整了。糾正姿勢時你不用去找他姿勢就正確了，這腿也沉了，虛實也分清了，這叫六合。

六沖就在這分散，這兒變化時又變了，變打擠，這是子與丑合，就在這兒過渡，這是分散，分散即六沖。子午相沖，卯酉相沖……為六沖，寅、申、巳、亥相沖。凡是那一個字後邊一個字到七個字都是丑未相沖，寅、申、巳、亥都是相沖的。完了以後，又是子與丑合，左腳為寅，跟脊背往這兒合，寅與卯合，辰巳一合，午戌也往這兒集中……申是這手，打的脈門，這右手與前胸合。戌亥右胯與右腳，伸直以後也往這兒集中，這個蹬勁就出來了。你像剛才發勁，如撲面掌把人打出去多麼遠，這實際放平舒展以後都往一處集中，都往一點集中，這發勁就出來了。

上面講的是十二地支，包括八卦八方、四正四隅。還有十天干，十天干是：甲、乙、丙、丁、戊、己、庚、辛、壬、癸。五行是屬於十天干，那是兩個字組成一個字：

東方甲乙木，卯木，在脊背。

南方丙丁火，午火，在玄關。

中內戊己土，戊己土，在中丹田臍下三寸，仰臥由肚臍往裏 3 / 10 處，或從命門往上 7 / 10 處，叫中丹田。人要消除疲勞，三田合一，一天不管多麼勞累，只要一刻鐘的工夫就行了，只要把上、中、下丹田三點掌握成一條直線，就能很快消除疲勞，這太極拳又結合氣功。

西方庚辛金，西金，在前胸，膻中穴，肺臟。

北方壬癸水，子水，在命門穴，右腎內側的左上角。

五行在太極拳裏怎麼用呢？十天干是指步法，以步法為主，像前進時想北方壬癸水，欲追擊想命門，把眼神往高一點看，看多少呢？就是看自己的眉毛斜上一點，約有一寸高的位置，腿就被腰催著走，腿就往前動，追擊對方快極了。不要想腿，越想腿，腿反倒越沉，追擊對方時不要想追對方，你越想追對方就越慢。前進想命門，眼看斜上方，忘掉兩條腿。退時想玄關，眼睛斜向下看，眼睛下落點與兩腳分開同肩寬成正三角，腿自然後退，把玄關往下一落，腿自然後退。這叫用十天干做前進後退。

左顧是左顧木，在字義上講，向左轉、右轉都不是，就是一想脊背與實腿的腳相合，眼神順腳的前方往前看，即寅與卯合（脊背與實腳合），叫左顧。回頭體重到右腿上也是，拿脊背跟右腳一合就是。這叫左顧木，即打擠的勁，左顧就是用一個側面。

右盼金，金想前胸與手合，申與酉合，眼神斜向下看，這叫右盼金。你想左顧木就想脊背，右盼金就想前胸，你一想脊背左顧木，一想前胸右盼金，實際一個人側面躺著，東西南北中，四正方都出來了。

中央戊己土，雙土為圭，練氣講究刀圭，即牛角尖，不讓你休息，如頭懸樑、錐刺股，刀尖、牛角尖也要桼。聚精會神領著氣往上升，這叫中央戊己土，雙土為圭。戊己土在這變化中叫中定，好比被對方擠得沒辦法了，這時你先想命門後想肚臍，身子自然下落。

太極拳所練的十三勢就指的是這個，是十三個部位，八卦指的是前面手的變化，五行是腿法的變化。老拳譜上

都有太極十三勢，就是八卦五行，也就是八方五步。今天把過去不說的東西給大家介紹一下。

練太極者，頭頂太極（腦子想一動一靜，不能離開太極一陰一陽），懷抱八卦（八卦即：乾三連、坤六斷、坎中滿、震仰盂、艮複碗、兌上缺、巽下斷；八方線：四正方、四隅角），腳踩五行（前進、後退、左顧、右盼、中定）。太極拳的手之運動有八方，足之運動有五步。

太極拳修練十三要點

1. 不要用無謂的力

一般太極拳家對於——「益不要用力」的解釋是：常人本來具有的力是拙力——叫做浮力，並不是真力（即內勁）。拙力的存在妨礙真力的產生，所以必須把拙力化盡，真力才會產生。但「不要用力」並不是化去拙力的方法。所謂拙力與真力者，即前者指動作時有無謂的用力，構成體力散亂；而後者指動作時有力量集中的現象，所謂不要用力者即在不用「無謂的用力」而已。

什麼是「無謂的用力」？即這種力對於行動來說絕不會發生任何有益的影響。比方說：步行時的兩手，寫字時的兩腿，都沒有用力的必要，假如有用力的現象時，就是無謂的用力，它能導致體力分散，降低動作的效能。在拳術上的無謂用力，第一增加體力的消耗量，使身體容易疲勞，不能長久地運動；第二因為體力分散，在需要用力的部分便不能用出很多的力，致使不能充分發揮技能。

解除「無謂用力」，其方法就是在運動的時候，要記

清用力的部分和不用力的部分的分界，在不需用力的部分覺察有力的現象時，立刻用意識使它鬆弛，這樣，時間長久了便不會再有「無謂用力」的現象，體力便可漸漸集中。因為一般人平常對此並不注意，明明只要一手用力的動作，常會出現全身用力的現象。因此，初學的人必須在開始運動之前，保持全身鬆弛的狀態，除支撐軀幹的力量外，其餘肢體不許用力，先知道不用力的現象，然後慢慢地在運動中細心地體會「應該用力」與「無謂用力」的分界。太極拳開始的預備式，起的就是這個作用。

2. 不要犯雙重的弊病

太極拳最忌犯雙重的毛病。兩足同時用力著地，使身體的重心分於兩足叫做雙重。反之兩足同時用力，但身體的重心卻完全支撐於一足，使另一足的用力和軀幹的用力相平衡，符合於力學上支點的定則，便不是雙重。這是普通對於雙重的解釋。不過，在太極拳中虛足並非無力，只是用於空處，所謂虛足有力，也是意念而已。王宗岳所謂「偏沉則隨」，即指虛足無力而言，與雙重同屬一種毛病。所以他又說：「虛非全然無力，實非全然占煞。」學者對於此點如不能認清，則雖無雙重之病，便又會犯偏沉之病，其實這兩者都是犯不得的。

以上是對雙重的簡單說法，其實雙重是一種現象，並不是形式，是指全身的任何一部分，在任何時間只要發生呆滯現象，就是犯了雙重之病，極易被人打出。如果使身體任何一個部位很迅速地、連續不斷地有虛實變換，使實的部分在某一時間用意識立刻使它變虛，便不會被對方拿住或打出。拳論所謂「左重則左虛，右重則右杳」，就是

指這種變化倏忽、虛實變幻不已而言。

至於練習去除雙重之病，可由大而小地去練，當練到精微時可使每一方寸的地方都能不犯雙重之病，甚至於一指之微也不犯雙重之病。這樣精密的練法，初學者不宜操之過急，起初還是從形式上琢磨，由淺入深，慢慢鍛鍊、領會，逐步達到不犯雙重之病。

3. 頭

頭在人身中極為重要，因為人是一個有機體，頭部是高級神經中樞（大腦），人的一切運動，都是由大腦來指揮。頭，以如秤之定盤星，為周身之主宰，前進、後退、左顧、右盼等行動，均以它為準繩。

例如，眼觀六路、耳聽八方之能和鼻之呼吸、口之出納等器官，也操之於大腦。所以在練拳時頭部需要保持自然正直，不要偏斜，要有輕鬆靈活之意。如此則精神振作。眼不要怒睜，眉不要皺縮，口宜閉不宜張，不要用力咬牙，要用鼻呼吸。總之，頭部主要作用是提起精神，其做法是要時刻注意尾骶骨與鼻尖上下成一直線，同時，兩眼平視前方。這樣，也就做到「尾閭中正神貫頂，滿身輕利頂頭懸」的要求了。

4. 肩

肩部需要鬆開。我們時常見到手上所發出的力量沒有肩臀等部位的力大。有人說是由於體力不能集中，所以面積較大的臀部和肩才會發出較大的力。然而一些練到相當熟練程度的人，也仍舊不能運用兩手，甚至有些人身勁練得很好，手上卻一點力也發不出來，這種情形對練太極拳的人最能感受得到。這是什麼緣故呢？這完全是肩上的毛

病。須知身體是發勁的機關，兩手是發力的工具，力從身上發出，必須經過肩的關節，然後才能集中到手上。假如肩的關節阻滯淤塞，力量便不能通過。必須使肩關節骨膜靈活，筋絡引長。要達到這個目的，只要注意鬆肩就行了。鬆肩的方法可分作兩部分：

第一部分，只要注意兩肩鬆弛。可是話雖如此，實行起來卻很困難。比如一舉起你的手，便會感到肩部極度緊張，需要加以長久地注意才能糾正，才能鬆弛。當然兩肩為維持兩臂的上舉，肌肉的緊張是必然的，此處所謂鬆弛是指減少肩的緊張程度而言。

第二部分，在練時有意識使兩肩降下去，同時把兩肩的肱骨頭（即肩頭）向兩側伸展，有把肩部拉開之意。

前者在使骨膜靈活，後者能把筋腱引長。不過，這非經長久鍛鍊，不易收到效驗。

聳肩是不良姿勢，具有這種不良姿勢的人，胸部緊束，會感到不舒服。糾正的方法很簡單，只要能把肩部鬆開，聳肩的姿勢便會自然消失了。聳肩會影響動作的靈活性，希望加以注意。

5. 肘

集中的體力既通過肩部，還須經過肘關節才能達到手上，假如兩肘發生阻滯，則其情形正同肩部的不能通利一樣。一般人的兩肘，又如兩肩一樣常犯阻塞的毛病，因此，非加以訓練則不能通利，不能完全達到隨意把體力運用於兩手的目的。訓練的方法就是注意沉肘。

肘在手臂的中部，就是肱骨和橈骨及尺骨相連接的一個活動關節。沉肘是使肘下垂，有投物在水中叫它沉下去

的感覺，但忌明顯地露出下沉的形式，這是初學者應該注意的。這雖是一個很簡單的原則，不過在缺少它時，發勁就會感到不通利。

6. 手

太極拳用掌時多，握拳時少（只有五拳）。伸手切忌僵硬緊促，手指要有舒展之意念（不是用力張開，只是有舒展之意念），掌心要有突出之意（不是用力突出掌心，而是想像掌心向外突出）。在握拳時，亦不能用力，需要有鬆柔之意，只要從小指、無名指、中指、食指依次蜷曲，使指尖與手心相接觸時，以拇指梢節壓在食指及中指的中節上就行了。所謂太極拳的拳是空心拳，就是此意。

7. 胸

胸部略有內含，使有含蓄之意，目的在解除胸間的緊張，增強彈性。猶如貓在捕捉老鼠時必使身體儘量蜷縮，又如我們在跳躍運動之前，胯、膝、足三部關節必做屈曲一樣。假設不如此，即不能實現撲出與跳起的行動。含胸的作用正是如此，不能含胸，便不能把體力發射出去。所以絕不能使胸部有挺突或縮進等緊張的外形。

一般初學的人，對於這一點沒有認識清楚，認為含胸的「含」字，有「含容」的意思，便極力使胸腔明顯地向內吞縮，結果練成胸腔內凹的狀態。於是有人便以為含胸使心肺受到壓迫，是一種違背生理衛生的姿勢，從而對太極拳的功用表示懷疑。這是一個誤解。

順便在這裏指出。有一部分初學的人，以為含胸的作用在使氣沉於氣海，重心下移，身體得以穩定，這種說法雖不能算錯，但含胸的真正作用並不在此。而且根據生理

常識，人的下腹部並不起呼吸作用，那麼氣怎麼能沉向氣海呢？其實這不過是因含胸而使胸部鬆弛以後的一種現象。還有一部分初學的人，認為含胸的作用，純為使胸部鬆弛，這也是不夠的。含胸則因胸肋間的緊張盡去，肺腑得以自由平衡地發展。所以練太極拳的人常較一般人呼吸深長，這便是一個很好的例證。

含胸的練法，並不是一個固定不變的姿勢，就是當胸部覺得一有緊張時，即以意念想著好像有股熱氣從兩乳頭向下走似的，走至肚臍以下，這時便會感到胸部的緊張自然消失了，同時還會感到胸中舒坦，腹內暢快。這正符合「虛其心，實其腹」的要求，這也是任脈疏通運行的一個途徑。所以說含胸這個規則，在太極拳中是相當重要的，學者應加以注意。

8. 背

拔背的作用和意義，不是所有學太極拳的人都能清楚的。如有的人以為把肩背有意識地向上抽拔，就是拔背；還有些人把拔背理解為一種前俯的現象，結果造成肩背肌肉緊張，甚至養成駝背、縮頸等不良姿態。

正確的拔背姿勢是有意識地解除肩背肌肉的緊張，就是在思想上想著大椎（即脊柱最上的第一個骨節）的周圍，約有一個手掌大小的皮膚，能與貼身的衣服相互貼在一起就行了。拔背的練法，在形式上即不前俯後仰，也不左歪右斜，背部顯出略具弧形的狀態，這就是拔背的姿勢。其功能是使脊柱端正，不受肌肉牽制與阻礙，恢復其生理上本來的狀態，使其盡軀幹支柱的作用，身體因之能自然而靈活。所以，拔背本是一種自然的姿勢，不是勉強

做成的，是軀體本來的狀態，不是違背生理的。

孩童都是拔背的姿勢，至成人則因平日行動的姿勢不正，已失去脊柱正常狀態，以致不能保持本來面目，非經一番鍛鍊，才能恢復原狀（即拔背的姿勢）。拔背與含胸的姿態，矛盾而又統一，是符合辯證規律的。

9. 腰

太極拳對於腰部是特別注意的。太極拳第一步功夫，即求身體完整，是從頸至足周身一家，上下相隨，進退一致，避免兩撅的現象。而鬆腰的作用，即在於此，因為人體上下肢的分界，以腰部為樞紐，全身之不能完整，大都是不能鬆腰的毛病。鬆腰的時候，腰脊應該端正豎起，不能因腰圍下墜而彎曲。只能有意識的下垂，不能有用力的現象。否則，非但不得鬆腰之益，反養成彎腰習慣，或脇緊張的毛病。還有些人往往喜歡緊束腰部，這是非常不衛生的舉動，假如不把這種不良的習慣改正，就不能達到鬆腰的要求。鬆腰猶如物體下垂，唯須要求自然，要注意腰部的鬆弛，由後面到前面整個腰部的肌肉不許有絲毫緊張的現象，只要集中意識使小腹收斂，則腰部自然下垂，這就是鬆腰的練法。

鬆腰的顯著作用，是在任何情況下都可以穩定重心。如身體受到外界環境的影響處於搖擺不定之時，只要用意念一想收小腹，即可使身子恢復到安穩的狀態。

10. 臀

臀部的向外突出，是人體固有的現象，但在練太極拳時，絕對不能突臀或扭臀。不僅如此，即像常人臀部那種稍微突出的現象，也不能讓它存在。因為臀部的突出，會

影響我們在運動時全身的統一，使上下隔絕而成為兩撅，從而減少了身體靈活的程度，失去拳術大部分的作用。和突臀起完全相反作用的即是收臀。收臀這一規則的重要性與含胸、拔背占同樣地位。我們知道，有些習者難於進步，就是不懂得收臀所致。收臀就是有意識地使臀部向內收縮，使之與背之下部相平，在外面一點也看不出有突出的痕跡。

初學的人，有時分不出突出與不突出的區別來，當已經注意到收臀而不知是否已經進到收臀的程度時，只要先使臀部明顯突出，然後收回，便可看出它的差別了。還須注意，不要為了收臀，就將小腹繃緊或臀部用力前收，這不僅破壞了呼吸自然，而且也影響下盤穩固。

正確練法是先儘量放鬆臀部和腰部的肌肉，輕輕地使臀部肌肉向外向下舒展，然後再輕輕向裏微微一收就成了。但在思想意識上要存有一種想像力，就是想著臀部的下邊好像有一個大包袱皮，將自己下半個身子包住，向上兜起來似的。或者，想像自己的身子被包在一個雞蛋殼裏面似的。這樣做即能使全身處於自然狀態，又可以保持身體的平衡穩定性。

11. 胯

我們先要明白胯的部位，在生理學上所謂的胯係指股骨的上節、大腿的折疊下陷處。胯的作用是保持步子進退一致。胯的練法是進右步時，右胯回抽，左胯前挺；進左步時，左胯回抽，右胯前挺。退步與進步的方法相同，但方向相反。此法熟練之後，即可達到「邁步如貓行」，「虛實好分清」，連綿不斷，節節貫穿等要求。這樣一個

看似很簡單的動作何以使身體中正？學者能依著上述方法實驗一下，立刻就會明白。

根據生理學我們知道，骨盆如盆狀承托軀幹，骨盆端正身體自然端正，而骨盆的端正與否，取決於兩胯能否平衡，也就是說要做到腿動胯不動，所以要注意抽胯，身體便能自然中正了。由此可見，骨盆的作用雖然十分重大，但須知骨盆與腰、臀、胯等部有著極為密切的聯繫（即骨盆承托軀幹，股骨又承托盆骨，就這樣一層托一層地相互聯繫著），所以才能起到相當大的作用，如對腰腿的靈活、下盤穩固等鍛鍊效率都會提高。

12. 襠

襠的位置是在腎囊兩旁。由於襠處的肛門和會陰部分是人體薄弱環節之一，所以在太極拳運動中，採取了吊襠和裹襠兩種鍛鍊方法，用來改變人體這一薄弱環節，增強其抵禦擊打的能力。吊襠的主要作用在使意識集中，精神內斂，同時肛門括約肌因吊襠而收束，尾骶骨因之中正，而使腰椎端直，幫助了提頂之作用。吊襠的練法是依據前人的一個極其寶貴的鍛鍊方法，就是「地門常閉」，意思是說，要經常注意輕輕收縮肛門的肌肉。若能照此法進行練習，把這種行為養成習慣，會感到會陰穴猶如幾個月的嬰兒正在啼哭時所產生的舒張與收縮的動態一樣，至此時吊襠這個動作就算成功了。

吊襠與裹襠有什麼不同？裹襠不是形式上的動作，是以意識使兩腿有對向包裹的意思，同時膝關節微微內收或外開，但最終要使膝蓋尖與腳尖形成上下垂直線，這時自然會達到「襠開一線」和「襠要圓，圓則穩」之目的。這

是裹襠的練法。

所謂「襠開一線」是指兩大腿要開襠，不要開大，只要意念一想開襠即開成一條線縫就夠了。因為襠開一線之後，兩腿中間好像變成圓形，襠圓之後，下盤能穩固，上盤也輕靈，所以在開襠中還應注意會陰要虛，小腹要實，這時身形回轉動作更加靈活，同時，兩腿進退更為有序。裹襠的作用，在使兩腿保持緊張姿態。如襠不裹，兩腿便散亂，進退不能自如。總之，裹襠是鍛鍊下肢不可缺少的一個動作，缺此步法則不可能有序移動。

13. 腿

太極拳對於腿部的要求，首先，要做到虛實分清；其次，要做到動作輕靈且有柔韌性；第三，要做到平衡穩定。因為腿和腳的動作，需要依據拳勢的屈伸，而做前後、進退、上下、起落之狀態，所以兩腿在變換時要求靈活，步法要分清虛實。承受體重的腿為實，另一腿為虛。只有做到「虛實分明」，動作才能穩定靈活，進退轉換變化自如。同時，兩腿兩腳要平均調和，即輪換運動，交叉休息。

腿和腳的作用很大，每個姿勢動作，都需要這兩個部位來支持。可以說腿是支撐身體的根基，也是勁力發動的要源。腿所起的重大作用，都要由胯、膝、腳三個主要部位來完成。拳論云：「其要在腳，發於腿」，還有「襠開於胯，縱之於膝，蹬之於足」，「腳打七分手打三」等說法，說明了太極拳在技擊發功時，手只占三成勁，主要是依靠腿和腳的作用。由此可知腿的重要了。

腿和腳的練法，要根據鬆胯、提膝、腳心空的要領進

行練習。所謂胯要鬆是為了使關節周圍較緊的韌帶達到鬆弛，之後在做踢腿的動作時，會覺得靈便。膝關節要時刻保持輕度屈曲，這樣能使膝關節隨時隨地起到彈性作用。在我們日常生活中都可以進行鬆胯提膝的鍛鍊，如上樓梯、上臺階或遊園登山時，只要在思想意識上一想「鬆胯提膝」，那麼，立刻會感到全身輕鬆靈活，則上得既快又不費力氣。

當下山或下樓時應用何要領？從高處往下時就不能用「鬆胯提膝」了，而要用胯和腳的變換關係。具體的做法是，用意念想到哪裏，哪裏放鬆就行了。如這隻腳剛剛落地時應從這隻腳的腳掌開始想起，往上想到胯，再從胯往下鬆到腳，這時那另一隻腳便會自動地向前邁進，而在這時候，應將意念轉移到又剛剛著地的這隻腳掌上，往上想到胯，之後再想到腳。循環輪換交替著想，使兩腿很平穩、自然地完成從上到下的交互運動。

以上 13 個規則，乃練太極拳時身體各部位極重要的基本姿勢。

太極拳的身法、步法、腿法和拳、掌、鈎

一、太極拳身法

太極拳的身法，包括太極拳和推手兩個方面的綜合運用。把身法的諸要素掌握好了，在練拳和推手中都有很大幫助。身法分上、中、下三盤。上盤包括頭頸，中盤包括軀幹，即由肩到胯，下盤是由胯到腳。三盤共有九點要求。

1. 鬆　肩

肩為上肢的根節，即從肱骨頭一直到肩胛骨。肩胛骨這個部位就像一個盤子，叫肩盂，肱骨頭就在這盤子裏頭，形成肩關節，來回能轉動。太極拳要求鬆肩。為什麼要鬆肩？鬆肩的作用是什麼？怎樣來鬆肩？這些都必須弄明白，並且要掌握它。

鬆肩的作用和目的，是為了把全身的力量傳到手上去，達於對方的身上。因為手（梢節）是跟對方接觸的，只有真正做到了鬆肩，才能把力量傳過去。如果你不鬆肩，肩是僵硬的，你手上再使一點力，比如握緊拳頭，那麼你的手臂就會有飄的感覺。你把肩關節一放鬆，那你手上的氣血馬上就過去了，所以練拳的時候也要鬆肩，肩一緊張，手就涼，氣血到不了末梢。

例如：在做太極拳起勢時，只要想著指尖回鈎自己的手心，兩腕自然上挪；如果意念沒有了，兩臂自然下落，肩關節一點力也沒有用，這就叫太極勁，這才符合太極拳理的要求，即「一舉動，周身俱要輕靈」。如果兩腕上挪之後，意念沒有了，兩臂還不下落，這就是肩上有力，有僵勁拙力，這就阻滯了氣血向梢節的傳導，這就不符合太極勁的要求。

怎樣鬆肩？其方法很簡單。這肱骨頭在肩胛骨裏面，你開始時將肱骨頭往裏向肩胛骨靠近一下，就只一想往裏靠近一下，然後往外拉開，把肱骨頭下面引長就行了。因為這裏面有兩根肌腱，有時膀環掉了兩根肌腱還是連帶著的，你鬆一鬆就是。這是初步練習，待熟了以後就不用這麼做了，一想肩井穴，肩就會自動鬆。

肩井穴在兩手交叉搭在肩上，中指肚所按的位置。這樣也可以檢查你的身體強弱：你的身體壯，氣血足，中指一按肩井穴，肩井穴會直滾你的手指肚；如果你有病，身體弱，你按肩井穴的感覺就不同了，你按老半天也不打你的手，而且還有個陷坑，縱然有跳動也不明顯。

還要明白為什麼要想肩井穴，這肩井是一個井口，那井水在那兒呢？就在腳心的湧泉穴，腳心跟肩井只要一對正，上下就溝通了。

其試驗方法是：先把右肩井往右一移，支撐點就在右腳上，再把左肩井往左一移，跟左腳就合了，來去左右晃兩三下，覺得很舒服，你也不用量尺寸，準合適。待會兒你再摸這肩井，那水、那氣道就上來了，肩井穴就滿了。只要湧泉穴跟肩井穴一對正，湧泉水就往肩井口上冒，肩井穴就是鼓的。如果你把腳往外移，偏離肩井穴，肩井穴就是癟的了。在技擊中，即使是用肩直接去靠對方，也必須鬆肩。

2. 墜　肘

墜肘也有叫「沉肘」的，沉即下沉，墜也是下墜。肘關節是肱骨頭跟尺骨一打折，中間這一點就叫肘，即大臂、小臂曲折以後的突出部，就像寶劍尖。這肘很厲害，在太極拳裏頭有 16 種肘法，如陽肘、陰肘、遮陽肘、肘開花、單鞭肘、雙鞭肘、臥虎肘、雲飛肘、研磨肘、閃通肘、兩膝肘、一膝肘、肘底槍等等，變化萬端，集運用手法之能事，且極易傷人。

墜肘就是肘關節老保持一個向下打墜的意思，使肘尖老保持向下垂。墜肘與鬆肩有密切的連帶關係，因為肘為

上肢的中節，手為梢節，要使全身勁力達手上去，鬆完根節（肩）必須由中節（肘）才能達到梢節。所以中節必須鬆沉。如果只是肩鬆了，中節沒有下沉，還是挺硬的，那樣氣血就會倒回到肩關節，如同玻璃管裏的水，一頭翹起，水就倒流一樣。因此肘必須沉下去，肩一鬆，肘一沉，氣就到手上了。老拳譜上說得很清楚：「肩鬆氣到肘，肘沉氣到手，手心一空，氣到指尖。」

聳肩掀肘在太極拳裏是違反原則的，肘要老想著與地面接觸，肘尖的意念要老想著貼地。無論出拳出掌都必須鬆著肩、附著肘才有內勁。這肘叫弓背，就是拉大弓的弓背，手掌必須與肩關節相通，這才有彈性力，太極拳所要練的彈性力就是指這點，其目的和作用與鬆肩同。練習墜肘時老想著曲池穴，肘自然下墜。在與對方交手時，應根據對方身軀的高矮（量敵）來決定我手扶肘之哪一穴位，遇比自己身高者，手中指扶少海穴；遇矮者則扶曲池穴；同高者扶尺澤穴。

3. 涵胸（含胸）

胸部是保護內臟的，並影響下肢，如挺胸則腿拿不起來，一涵胸腿就很靈便。前進時要涵胸，避免挺胸，這跟長拳是相反的。為什麼要涵胸？涵胸的特點與作用是什麼？要搞清楚。因為挺胸時，呼吸受壓迫，不舒服，呼吸短促；反之，涵胸太大了又壓迫內臟，也不行。涵胸不要老涵，那樣久了就成羅鍋腰了！涵胸是有時間性的。什麼時間涵胸？首先要明白涵胸的目的。涵胸的目的是要你能跳起來，我們練拳就是學貓躥狗閃、兔滾鷹翻、龍騰虎躍的技能專長。如學貓躥，胯、膝、足關節必須蜷曲，之

後，還必須涵胸，目的就是要使身弓有彈性力。你如果蜷曲過後又把胸部一挺，還是躥不起來，你必須收縮一點，彈性力才會出來，這就是涵胸的目的。

怎樣練習涵胸？涵胸不是把兩肩微向前合，把胸含回去。這個涵是含苞欲放之意，也是含蓄的意思，如「蓄勁如張弓，發勁如放箭」，涵胸能使身弓出彈性力。練習涵胸也很簡單，就是意念想兩乳頭垂直向下引，將兩股熱流引送到小腹，就是肚臍以下就得（不可太靠下，那樣反會把脊柱拉彎的），這就是空胸實腹、上虛下實、「西山懸磬」的要求。你啥時覺得胸部緊張了，涵一下胸即可。太極拳的涵胸在外部是看不出來的。

4. 拔　背

拔背在技擊上也屬於身弓，為身弓的梢節，位置在大椎部，面積約三寸見方，一隻手巴掌大小，不要超過，你一想這塊面積的皮膚跟你的貼身衣服貼上，那就是拔背。不是故意的抽拔，用意太大也不行，拔得太大身子會搖晃的。拔背與涵胸是相輔相成的，是為了挽救因涵胸過大把脊柱拉彎了才用拔背。在推手中發勁時也必須用拔背，沒有拔背不出彈性力。所謂力由脊發，就是從大椎這一點發出來的。

5. 裹　襠

襠的位置在大腿中間。太極拳中所謂的裹襠，「裹」是包裹的意思，總的是為了收縮括約肌（肛門肌肉）。這個括約肌為什麼要收縮？因為太極拳家和氣功家在很早以前就發現此處的重要性了，裹襠的目的就是不要讓中氣從肛門跑掉。你不妨實踐一下，試做蹲襠騎馬式，你若腳尖

往裏一扣，一下蹲，肛門一定是空的，你使不上勁。

裹襠怎麼裹？太極拳拉開單鞭後兩腳尖向外撇一點，兩膝蓋尖微向外敞，朝向腳大趾與小趾的中間，這樣括約肌一收縮，襠一裹，氣沉丹田，氣就跑不掉了，即中氣不散。以上是裹襠的目的、作用和練法。

6. 收臀（斂臀，也叫溜臀）

就是俗稱的屁股蛋子不得突出。我們平常的狀態就已經是突臀了，突臀是違反太極拳原則的。收臀跟拔背是相呼應的，無論盤架子或推手，都得把臀收回來。收臀做好以後，它的作用是使身體達到平衡穩定。一收臀脊柱也正直了，四周面積也大了，身體重心也微微下移，這就行了。怎樣練收臀？就是使臀跟脊背保持一條直線，用意念把腰和臀部肌肉往後下鬆弛下來，一點力不用，肌肉欲落到地上，再往上一收攏，如用一塊布包袱皮從後面往前上一兜，把骨盆包裹起來，兜到小腹為止。實際就是腰臀肌肉往下，鬆完了以後往前往裏一兜，兜到小腹，覺著小腹也起來了，你看那身體也就讓那包袱兜起來了。

練習時，用意念先想著把腰臀肌肉放鬆，送到地下，再從地下抽起來像包袱皮一樣兜小腹，使小腹感到熱乎乎的。但練時不要太過。

7. 鬆　腰

腰也很重要，從字義上講，人身上最重要的肉為腰，造字時就把這個意義說出來了。它怎麼重要？它是管四肢的總機關，胳膊腿都聽它的，你一閃腰岔氣就不能動，腰椎間盤突出，馬上就癱瘓，所以太極拳中特別強調腰的重要性。拳譜上說：「刻刻留意在腰隙」，腰隙就是命門

穴，命門就是右腎內側的左上角那一點地方，這是腰子的總機關，總機關就是身子的大動脈、總動脈。它是管上下肢的，你自己可以慢慢體會，如單鞭式拉開，你一想腰後移，你的手腳都自動往前去，不去就要倒。還有最明顯的，什麼叫鬆腰？怎麼鬆腰？這鬆腰的作用很大，腰為軸，四肢為輪，再往深裏講，就是「轉腰子」。

練太極拳時時刻刻不能離開轉腰子，就是左右腰子老得轉。你看那大象，四條腿往那兒一站，它的腰老在動，它那腿越來越粗實，勁大極了。我們人天天練太極拳，不練時老轉腰也見效果，以轉腰催動手腳。練氣功也練轉腰子，一想左鼻孔吸氣，那邊腰子就起，回頭呼的時候想右鼻孔呼氣，左邊的腰子就砸右邊的腰子；右鼻孔一吸，右邊的腰子就上升向左側傾，兩個腰子左右起落來回升降。

我們在做雲手動作時，就是腰子來回轉動。你坐在椅子上如要起來，腰得先動，否則你起不來，所以你非得把腰往前移，把重心移到腿上才能站起來。再如你把兩手握緊，使點勁，你就會感到那腰上是僵直的，你把小腹一收，腰自鬆，你那拳頭也就鬆開了，你再握都沒有勁。怎麼鬆腰？你想鬆腰，你若把意念放在腰上反而鬆不開，你一想小腹回收，腰也就鬆開了，手也張開了，渾身全鬆開了。這是鬆腰的作用，這點很有意思。

8. 抽　胯

抽胯是補鬆腰的不足。胯是底盤，能掌握步法的大小一致，如開左胯時則左胯抽一抽，右胯挺一點；反之，開右胯時則右胯抽一抽，左胯挺一點，同時腰子（腎）也轉。胯的動作好，則骨盆能托起脊柱來。

　　骨盆如同花盆，脊柱就像一棵花栽在其中。轉換步法身隨步走，步隨身換，換步時要注意抽胯，保持身體正直，與鬆腰、溜臀都有密切的連帶關係，能增強腿部力量，既穩定又輕靈。

9. 頂頭懸

　　上盤功夫最重要，俗話說：「人無頭不走，鳥無翅不飛。」頭是大腦中樞神經所在地，所謂「以心行氣」即大腦中樞帶動。頭的位置有七竅五官，太極拳要求眼觀六路，耳聽八方，眼觀六路就是觀左中右，用兩眼餘光向外掃射兩側視野，這使人的精神振奮，狀態反射靈活，這都得經由專門的訓練。

　　如凝神於耳，神宜內斂。怎樣內斂？就是想兩耳的後面，你才能聽八方，耳朵時時刻刻不要離開聽後面。眼觀六路加上耳反聽，這樣你的精神就振奮起來了，大腦也由這種活動得到休息，且還能治許多病，如神經官能症，還有血循環方面的疾病，對肺臟、腎臟都有好處。因為頭部五官是通五臟的，外五行與內五行相連，這也叫內外相合。內五行是心、肝、脾、肺、腎，白眼球、黑眼球都通於肝、腎。最主要的是怎樣練習，它的作用很大，我們身體的一切行動都由大腦來指揮，所以頂頭懸又像個定盤星，不管是扶稱也好，摔跤也好，定盤星一丟就沒有準了。

　　所以太極拳裏頭這個頂不能丟，叫「不丟頂」。要做到頂頭懸，頂頭懸怎麼做？──「尾閭中正神貫頂」，頂頭懸不是往上頂，而是把頭懸在空中。人的頭部好比衣服的領子，頂頭懸就如同衣服的領子掛在衣鈎上似的，衣領

以下則都是鬆沉的。太極拳要求立身中正，要身子直立，怎麼立？就想尾骶骨找鼻子尖，眼睛平視前方，你看那百會穴就領起來了。百會穴微微有點意感，那樣就夠了，到此就不再注意它了，若用意過大就又不穩了。

以上所講的九個部位、九點要求也是太極拳的九項規則。這九點互有關係，但這裏僅係簡述，還不算具體。你頂頭懸做對了，再做鬆肩、墜肘、涵胸、拔背、鬆胯、提膝，這樣全身上下都靈活了。練太極拳就是練到哪兒哪兒就沒有東西，叫做：「人不如我，我獨如人」。

二、太極拳步法

吳式太極拳的基本式子總共 37 個，且步法大多數為正步，其次是隅步，還有其他若干步法，現分述如下。

1. 正　步

正步的尺度是練拳者同身的一腳長、一腳寬，前腳跟和後腳尖分別落在一個方格的對角點上，兩隻腳如同鐵道軌，腳尖平行向前，不可外擺裏扣。

正步的變化有弓步和坐步。弓步前腿為實，肚皮鬆開貼著大腿根，全身重量落在前腿上；後腿為虛，但須伸直，膝部不可打彎，後腳虛著地能抬而不抬。坐步是後腿為實，尾骶骨對正後腳跟，全身重量落在後腿上：前腿為虛，收腹蹺腳，腳大趾回鈎鼻尖，腳掌心朝前，須有向前推物之意。不論弓步或坐步，都要求鼻尖與實腿的膝尖、腳大趾尖上下垂直，名之曰「三尖對照」。

2. 隅　步

隅步的尺度是半腳長、一腳半寬。隅步要求頂心（百

會穴）與支撐腳（湧泉穴）上下垂直。「野馬分鬃」、「玉女穿梭」、「左右高探馬」、「斜飛式」、「左右打虎式」、「左右彎弓射虎式」等皆為隅步。

3. 丁八步

攬雀尾第八動定勢為丁八步，所謂丁八步就是說丁不丁，說八不八。採用此種步法，尾骶骨可以隨意與左腳跟或右腳跟取垂直，來回變換身體的重心，這就叫做「身隨步轉，步隨身換」。

4. 馬　步

單鞭定勢是八馬步，就是兩膝尖稍向外撇成八字狀，兩膝尖與腳尖方向一致，兩大腿內側均向外晾，這叫「敞膝」，這樣括約肌就會收縮有力。腳腕、膝窩和大腿根部鬆成三個括弧狀，達到氣沉丹田，上體骨節全部鬆開來。

5. 雞蹬步

上步七星為雞蹬步，即右腿坐實，左腿前蹬，腳掌心朝天。技擊應用是從一側去蹬擊對方後腿的踝子骨。

6. 虛　步

虛步有丁虛和跨虛。丁虛步如右腳打橫，左腳豎著，腳尖虛點地面，步形如丁字，一條腿支撐全身。如拳勢中的閃通臂完了，身體半面向左轉；高探馬動作開始的步型。跨虛步就是退步跨虛，又叫做「跨虛坐」和「跨仙鶴」，是半跨坐，像跨車沿似的跨著一點邊，實際也沒坐，是輕靈的。

練習方法：由立正姿勢，右腿屈膝下蹲，把左腳一屈，提起來靠近右腳內側，即鬆右胯提左膝。

7. 仆　步

拳勢中的下勢是仆步，仆步要求右腿屈膝下蹲，膝與胯成水平，左腿伸直，形如「一」字，左腳尖內扣，腳掌虛著地能抬而不抬。

8. 歇　步

即休息之意。練習方法：兩腳平行開步以後，使右腳掌為軸，前腳打橫，左膝尖頂到右腿膝窩，後腳掌虛著地。歇步是好幾種步法的總稱，如腿從前面來的叫「蓋步」，由後面來腿叫「背步」，退的叫「偷步」，又叫「倒插步」等等，都叫歇步。在拳勢裏，由「雙峰貫耳」變到「披身踢腳」之始，就是歇步。

9. 橫跨步

雲手動作是橫跨步，即先是左腳橫移，然後右腳向左腳靠近，提腿時腳跟先起，落步時腳尖先著地。

各種步法的進退轉換變化都要「邁步如貓行，腳踏如薄冰，虛實要分清」，從容、靈活而又柔韌，猶如流水一般。

吳式太極拳的步法是大虛大實，虛腿能在身形不變的情況下隨意起落進退，轉換輕靈，毫不費力。若虛實分不清，步度不夠，勢必邁步重滯，自立不穩。

步法是拳術中的下盤功夫，若腿腳不正，根基不穩，中上盤就不能發揮威力，因此必須認真苦練樁步。

三、太極拳腿法

腿法也是腳法，或稱腿腳法，就是在武術技擊中運用腿腳的方式方法。腿法的用處很廣，如使用得當，其威力

比手臂大得多，俗話說：「手是兩扇門，全憑腿迎人。」在北方拳種裏用腿甚多，故有「南拳北腿」之說。在太極拳裏，同樣注意腿法的運用。太極腿法共有七種，常用的也有五種，現分述如下。

1. 分腳（左右分）

分腳也叫「翅腳」，兩臂展開，前腿伸舒，如同鳥展翅。其動作要領是：意想後手指尖儘量往後指，前腳尖就會往前伸，繃腳面，挑腳尖，力貫足尖。用之於踢胸點肋，就是踢對方的胸口和兩肋接近乳頭的位置，發腳要高。

2. 蹬　腳

蹬腳用的是腳跟，其要領是：意想後手掌根一沉，勁力就會反應到前腳跟上去。蹬的位置是對方的胯骨軸，也叫大轉子，即胯關節，不要蹬大腿，蹬大腿沒有用，因為對方一繃勁就會給彈回來了。

3. 踢　腳

用腳尖由下而上為踢。如披身踢腳，一閃身，一抬腿，鈎起腳來就踢。踢腳是一種發勁，如「一腳將他踢出去」之說。

4. 裏合腿

當披身踢腳完了以後，接著就是回身蹬腳，在這兩個拍子之間的過渡動作是一種裏合腿。其動作要領是：以右腳為軸，右手沿臀部下去找右腳跟，這樣就會帶動左腿向右裏合 180 度。此腿法有時也用於套鎖對方的腿腳。

5. 外擺腳

如單擺蓮（十字腿、十字擺蓮腳）、雙擺蓮都叫外擺腿。單擺蓮的要領是：左手背正右眼，手心照直往前搆，

手腳自然合拍。雙擺蓮的要求是：左手心沿著抬平的右腿外側，從胯一直摸到腳面上去，自然完成雙擺（抬擊）動作。擺蓮腳是手腳並用，交叉橫打，即手擊翳風腳打腰。

6. 踩　腳

踩腳的動作要點是腳尖外擺橫踩之，俗稱「扁踩」。常用於踩對方的小腿和腳趾，所以也叫「橫踩跺子」。

7. 跺　腳

跺腳是腳尖裏扣，橫跺對方的迎面骨和髕骨，拳勢中稱之為「蹬一根子」或「喜鵲蹬枝」。

在太極拳老套路中，曾有二起飛腳、二起蹦子動作，就是跳起來踢打蹬踩跺等腿法，但因其難度較大，不適宜老弱者練習，所以不用了，但是這種常識還是必須知曉的。

四、太極拳的拳、掌、鈎

太極拳雖稱為拳，但在整個套路中用拳的式子只有五個，所謂「五捶」（進步栽捶、翻身撇身捶、摟膝指襠捶、肘底看捶、搬攔捶），拳和捶是同一法之不同稱謂。

太極拳的握拳方法是從小指一個一個地往裏捲，然後大指壓在食指與中指的中節上，但是拳頭並不攥緊，而是空心拳。空心拳的力量在拳的外圈，使人摸上去沉乎乎的，只有在發拳到極點時才攥緊。

發拳的要領是：先走三心合一，即拳心找手心，手心合腳心，腳心合地心。梢節先合，繼之肘找膝（中節合），肩找胯（根節合），這樣才能使全身勁力送到拳頭的一點上，並結合呼吸與眼神平遠視，使神、意、氣、勁

合而為一，發出整勁來，達到最大的打擊效果。

太極拳的掌法有陽掌、陰掌、立掌、平掌、下蹋掌、下插掌、撲面掌等。

凡是手心向前、向下的均稱為陽掌，凡是手心向裏、向上的為陰掌。出陽掌時中指與尺骨保持成一條直線，掌根不得打折，因為一打折氣血就會被阻在腕關節上到不了末梢。向前發陽掌時，意氣運行的穴道是從肩井到少海，再開內關到中衝、中指，抬頭展指突掌，內勞宮一吐即收。掌心若向上時，虎口必須撐開，出陰掌手心朝裏時，中指與無名指必須並在一起，其餘三指舒展開。

立掌：大指尖對正自己的鼻尖，中指、食指、無名指間的指縫要離開且距離一致，小指則不管。

平掌：大指尖朝天扳指，中指、食指、無名指平行向前，指縫離開距離一致，即正中神經、尺神經、橈神經等三股神經都要舒展開。

下蹋掌：也叫「掩掌」，其要求和要領是：指尖朝下，掌心朝前，發掌時意想命門穴（如由金雞獨立變倒攆猴時的第一動作即是）。

下插掌：也是指尖朝下，掌心朝前，但左手背須貼於右膝髕骨，右手背貼於左手手心（如雙峰貫耳第三動）。

撲面掌：屬陽掌，發掌時須等手心跟自己的眼睛平時再行撲擊。撲面掌的勁路是連撲帶蓋，走向前、向上、向下的弧線，意念要遠，如氣貫長虹。其力源在於右腳擦滑地皮，訣云：「消息全憑後腳蹬。」

太極拳的鈎手，老架中常用吊鈎、鳳眼鈎，在 37 式中用的是虛鈎，即指尖並不捏攏。這種鈎手的優點是腕部掤

勁飽滿，內鈎又有沾黏勁。如單鞭和提手上勢的右鈎手及退步跨虎的左鈎手。

太極拳推手的方法

什麼是太極拳的推手？練習推手應注意什麼？

太極推手和盤架子（套路）是太極拳一個整體的兩個部分。盤架子為拳之體，推手為拳之用。所以說學會了架子還要學推手，才算是體用兼備。因為太極推手是一種知覺運動，是鍛鍊身體中神經末梢的靈敏性，所以要練得和蟋蟀頭上的觸角一樣敏感。它的動作反應不僅快速，而且能指揮身體的進退及騰挪閃戰，從而使學者提高學習情緒和推敲趣味。這就是推手對健身的作用與目的。

所謂「推手」，是太極拳中的術語，有說「搭手」的，有說「靠手」或「揉手」的，名稱不一。各派拳術家都有此鍛鍊，以練習進身用招的方法。

太極拳術以「懂勁」為拳中要訣。「懂勁」初步是使皮膚富於感覺力。此感覺力的鍛鍊方法是：二人肘、腕、掌、指互相搭著循環推力，以研磨皮膚及皮膚壓迫溫涼的感覺，從而察知對方用力大小、輕重、虛實及經過方位。這樣練習久了，神經的感覺會特別靈敏，並能黏走互助。對方稍一動，自己就會知道對方發勁的方向、虛實等動作，這樣才算是「懂勁」，懂勁後才會越練越精。

由此可見，推手是磨煉感覺之靈敏以為應用。感覺之用，猶如間諜，所謂「知己知彼，百戰百勝」。感覺即是知己知彼之工具，所以說推手的原理並不複雜。

盤架子主要是從練姿勢中鍛鍊身體的平衡，就是不論怎樣運動，要始終保持住身體的重心；推手則是在對方推力逼迫下，仍要不失掉自己的重心，相反還要設法引對方失掉重心，這就比盤架子難一步，就是在二人推手時，要時時刻刻以注意自己的重心平衡為目的。所以過去說：「盤架子以求懂自己之勁，推手以求懂他人之勁。」這句話的意思就是說：盤架子和推手本屬一回事，欲要真知，必須由實踐才能達到「知己知彼，百戰百勝」之目的。所以在實踐中，無論練習推手或盤架子都一樣，必須要守規矩，要力求姿勢、手法正確。

比如推手時兩腿的重心就要分明，弓步要夠度，坐要坐得紮實，身法也和盤架子一樣，力求「中正安舒」、「不偏不倚」。推手時手法要認真鍛鍊，必須把掤、捋、擠、按、採、挒、肘、靠等每一手練到正確。所以初學推手的人只要求打輪（打輪是兩個人對手，互相配合，即甲掤乙捋，甲擠乙按，這樣按照掤、捋、擠、按四字循環不斷地推動著。由甲掤手開始計算，再至掤手時算一輪。過去推一次手，須打幾百、幾千甚至上萬個輪）。待練習純熟之後，才可以問勁。推手時視線的變動也大體和練拳時一樣，隨手轉移。這樣養成習慣，有了好的基礎，再入高級階段就容易了。

在推手時應注意哪些問題？簡介如下。

注意循序漸進，不要急於求成，功夫是由積累而出的。推手有定步推手、活步推手、大捋、插肋、折疊、老牛勁及採浪花等，其中定步推手是基本功夫，所以學推手應先從定步推手學起。

初學推手要多「打輪」，即推回手（掤、捋、擠、按），輪要打得夠度（逐漸往大裏打，而且要打圓，即不凸凹、不斷續、無缺陷）。所謂「定步」就是不動步，主要是後面的腳不允許移動，移動就算輸招。因此，在練習推手時，只是要求放長身手互相推逼，在被逼時只許擴大坐身的式子（即前腳虛步，後腿屈膝略蹲，以容納對方的推逼，然後順勢化開，不許用勁撥開），必須到被逼得實在化不開的時候，才允許被逼者順勢退步，如果半步夠了就只退半步，不許多退，在這進退過程中始終要保持與對方的接觸點不要脫離開。照這樣練長了，沾黏勁也就隨著練出來了。有了相當功夫之後，再練折疊法（加大肘和腰的活動範圍）等，進一步增大腰腿功夫。

特別要注意的是不要過早地「問勁」。俗話說熟能生巧，推手更是如此，待真正懂勁之後就自然會利用技巧了，以小勝大，以弱勝強，以柔克剛，做到所謂的「四兩撥千斤」了。拳論所謂「四兩撥千斤」之句，是說它在推手中是一種能夠得到最高效率的打法，而這種打法的練習方法，是要首先做到「不丟不頂」。「不丟」二字在字面上雖然是不要丟掉或不要離開的意思，但在實際上並不是這樣簡單。這裏的「不丟」，是要用感覺去黏住對方的手臂，我的手臂一面跟隨，一面還要微微送勁，驅使對方陷入不利或不穩的形勢。這時，如果感覺對方沒有反抗力（即重裏見輕），便可以隨意將其發出。如與對方的接觸點感到沉重發不動，應及時地將接觸點微微一鬆，使對方感到一空，隨即發之，可將其發出更遠。這是利用了「不頂」之法，先把對方拿起來，然後再用「不丟」之法將對

方發出去。「不頂」二字，有人誤認為只要手上毫不用勁，任憑對方擺佈就成了，其實並不完全是這樣，因為任憑對方擺佈是自己處在被動的地位，而不頂則是以主動的精神去適應對方的任何變化。所以我們在推手時，能夠接受對方的擺佈是需要的，但同時我們還要用感覺去偵察和瞭解對方動作的虛實變化，然後以自己的動作去適應他。

在動手時還應該注意一點，感到對方用力打來，你立即還手抵抗，就違背了太極拳中最重要的、也是最忌諱的「雙重」之病。像這樣見招打招、見式打式的攻防手法屬於一種本能。太極拳不採用這種手法，而是採取「先化後打」，並且在打擊之前還要造成「我順人背」的形勢，然後再乘勢追擊，用力不多即可取勝。這就是拳譜中所說的「人剛我柔謂之走」，意思是無論對方所發來的力量大或小，我們都把它認為是剛，不與它對抗，總以柔化為主，因而謂之「走」，即三十六招走為上策。

所謂「我順人背謂之黏」的意思是說：在我們想發招之前，首先要求順，就是得機得勢，其次是要解除「背」，「背」是背著勁，不得機、不得勢的意思。所以要使身體由難受變成舒服的話，必須按照拳譜上所說的「身有不得機、不得勢之處，必於腰腿求之」的話去做，否則便是「捨近求遠」。就是說，在推手中，當我腰部感到難受不舒服，即背著勁時，動一動腿就解決問題了；如果感到腿是背著勁，動一動腰就解決問題了。若照這個要領去做，便會由難受變為舒服，也就由背轉順了。同時還應該知道，當本身感到得機得勢，身上特別舒服，這時不用問對方，他正處在不得機、不得勢、身上難受、背著勁

的狀態下。相反，當自己被推得身上十分難受，這時對方必從心裏感到特別舒暢，身上有一種說不出來的得意、通順之感。由此可知，「我順人背謂之黏」就是說，我順人即背，當我順的時候也就是我發招的時候。

切記發招時要刻不容緩，一緩失機即前功盡棄，所以說：機不可失，失不再來，這一點很重要。因此我們所要鍛鍊的，不是在本能上加工使它快而有力，而是在本能上加以抑制，使它用得更為適當、更為奏效。

所謂「不頂不丟」這兩種法則，在推手中訓練進攻或防守中占主要地位，使進退關係密切，做到不即不離，漸至達到連綿不斷，形成一體。

練習方法是：兩人輪換做進攻或防守動作，比如對方只進一寸，我就給他一寸，進一尺，就給他一尺（切記給時要走弧形線），絕不少給，也不多給，少給會犯頂的毛病，多給會犯離的毛病，都沒有掌握得恰到好處。同時還應該記住一個要點，就是練習「不頂」必須同時動腰坐身，不要只靠手上應對，因為手法與身法要配合協調，否則手回而身不回，反而會給對方捨手攻身的機會了。所以說推手主要靠腰腿上的功夫，鍛鍊腰腿除了要注意基本功（如弓、馬、仆、虛、歇、坐等步法和身法扭轉變換）的練習之外，還應該注意兩點：

第一是「先求開展」，過去推手有閉住門戶和敞開門戶之說，意思是在防人進攻之時應緊守門戶，但也不完全是這樣，如果腰腿有功夫的話，就可以敞開門戶，誘敵深入。相反，只在縮小門戶上用功夫而沒有開放門戶的素養，當應用時遇到門戶被別人打開的情況，便會驚惶失

措，所以練功夫一開始應先求開展。

第二是「後求緊湊」，這和學習書法是一個道理，欲要寫好小楷，應先從寫大楷入手，等大楷寫得有了相當的功夫，再寫小楷時也就成功了。比如那些好毛筆字，雖然是蠅頭小楷，但是從它的全貌來看，能表現出來和大楷一樣的舒展大方，帶勁有神。從而說明今天小楷所以能有如此傳神的程度，是由於在大楷上曾用過相當的功夫才有這樣的成效。所以說，寫字也好，練拳也好，推手也好，都要按照規矩循序漸進，「先求開展，後求緊湊」地去做，因為練貫了緊湊，再求開展是比較困難的。

太極拳的推手功夫要求先練開展的目的，是為了能夠得到「上下相隨人難進」和「沾連黏隨不丟頂」的高深功夫。這種訓練方法，可以使感覺更靈敏，聽勁更清楚，虛實更分明。所謂感覺，是身有所感，心有所覺，有感必有覺，一切動靜皆為感，感則必有應，所應復為感，所感復為應，所以互生不已。感通之理，精益入微以致用，推手初步專在磨練感覺，感覺靈敏則變化精緻，所以無有窮盡。

所謂「聽勁」，「聽」謂之「權」，即權其輕重的意思，在推手中是偵察敵情。聽之於心，凝之於耳，行之於氣，運於手，所以說：「以心行意，以意導氣，以氣運身，聽而後發。」聽勁要準確靈敏，隨其伸就其屈，乃能進退自如，這些都是以聽勁為依據的。

所謂「問答」，我有所問彼有所答，一問一答則生動靜，既存動靜又分虛實。在推手時，以意探之，以勁問之，候其答覆，再聽其虛實。若問而不答則進而擊之；若

有所答，則須聽其動靜之緩急及進退之方向。如要辨別出對方真正的虛實變化，須要由問答得知。

所謂「虛實」，猶如將帥交鋒之用兵，兵不厭詐，以計勝人。「計」就是指虛實變化多端的意思。拳術也是這樣，姿勢、動作、用意、運動各有虛實，知虛實而善利用，雖虛為實，雖實猶虛，以實擊虛，以虛避實，指上打下，聲東擊西。或先重而後輕，或先輕而後重，穩現無常，沉浮不定，使敵不知我虛實，而我卻找敵之虛實，彼實則避之，彼虛則擊之，隨機應變。聽其勁，觀其動，得其機，攻其勢。因此，需要知道「虛實宜分清楚，一處自有一處的虛實，處處總以一虛實」的道理之後，再默識揣摩，方能漸至從心所欲。

另外還應知道「量敵」之法，即以己之長當敵之短謂之得計，以己之短當敵之長謂之失計，取勝之法在得失之間，所以說量敵是最關鍵的問題。

四正推手規矩

今天講四正推手規矩，先求方，再求圓。

推手要有規矩，規矩就是方圓，沒有規矩不成方圓。先求方後求圓，在這裏面是一個開展，一個緊湊。

四正推手即掤、捋、擠、按或掤、擠、採、按都行，都是循環不斷的。推手的時候，先把四正給它固定，固定以後再求四個角度。這四個角度分別在左前上、右前下、左後上、右後下。這個做到以後，就能符合拳譜上要求的「仰之則彌高，俯之則彌深，進之則愈長，退之則愈

促」。這也是一種感覺和意念，例如：

「仰之則彌高」：就是對方如果向上推你的時候，你就往上引他，用意念，要無限遠，長不可接，夠不著你，也就是高不可攀。

「俯之則彌深」：要是對方攬你的手，你順著他往前下，就轉身入海，這個勁往下去的時候，也是無限遠，就像海沒有底，深無止境。你這麼一想，對方就覺著如陷深淵，就如跳或掉到山澗裏一樣。

「進之則愈長」：就是對方進攻你的時候，你隨著他的意念往後走，順著他的方向往後一想，也要無限遠。這時候，對方就覺著長不可接，搆不著你。

「退之則愈促」：他搆不著你就想後退，他往後走的時候我這意要走到他前頭，就督促他撤退，使他跑不掉，他一回頭看，你還跟著呢，要使對方有這種感覺。

掤、捋、擠、按這四個字是四種勁，也是四種感覺或意念，要掌握它，須按規矩去練。今天要講的就是這規矩：方圓，先求方而後求圓，按照規矩去做，才能達到預期的效果。你如果不按這規矩去做，就是剛才那四句話：「仰之則彌高，俯之則彌深，進之則愈長，退之則愈促」，就難於達到目的，即使達到也要花費很長的時間。所以，我們練習推手的時候要按照規矩去做。

練習方法如下：

掤：向前掤是正的。由立正姿勢單搭手，鬆右肩，沉右肘，右手自然起，大指對正鼻尖；然後先從食指肚開始想前面有個圓球，想扶著那球的後面。接著想中指、無名指、小指；再一想手心，你會覺得左手自然起來了，即意

念一到手心，左手自然起。這右手叫陽掌變陰掌，這左手陽掌是陽找陰，自動與陰掌相合，叫陰陽結合，這點就叫太極。離開這個動作，如果你把這手抬起，再把它轉過來，就不是太極勁。這個時間、火候必須要掌握好，因為這兒一伸手就是陽掌，陽跟陽不能合，同類、同屬性是相斥、相分。這時陽變陰，陽就上升，這是陰陽結合，自然上升。上升到什麼程度呢？上升到左手的中指扶到右曲池穴，即中衝穴和曲池穴相搭。搭上以後就想左曲池，一想左曲池，左肘一沉，右膝就有起的意思，這時想兩膝內側相合（兩陰陵泉相貼），一相合，就感覺到肚臍往後吸，脊背就往後移，這叫「氣貼背」。「神宜內斂」，氣呢，要貼於脊背。只要陰陵泉相貼，肚臍就癢，一癢這氣就順著脊樑骨，即從長強、尾閭一直上升到大椎，再由頸椎上到百會，這就起來了（通督脈），全合了。這時候再一鬆肩，跟右胯合一下，合完了再開，右腳自然就出去了，腳跟著地，腳尖蹺起，這叫「單搭手」。

要變雙搭手，這是個過渡。右腳跟落地以後，接著就想腳心，腳心一著地，現在這條腿就該重了。重了以後，對方要是發力，往你身上進，你一想腳心他就被撞起來，自己很穩，這點叫做「抗力為均」，就是對方用多大的力進攻，你這兒就有多大力反抗，對方要是半斤，你這兒就是八兩（老稱）。這就是意念，你想那個腳心著地，然後一想腳著地，就是大趾、二趾……小趾，腳心離地，腳跟也離地，有這麼一個虛懸後轉，這時候才叫「轉腰子」。細微的地方就在這一點，你只要想著腳跟、腳心、腳掌、腳趾，就這麼往下落，氣往下沉，沒有那旋轉勁腰子不

動。落完腳心、腳掌、腳趾，從大趾開始想，讓它排著隊：腳大趾、二趾……小趾，那腳心、腳後跟才旋轉，這腰子才動。

你這會兒動了以後，再想鼻子尖跟右腳大趾的趾甲，把這鼻尖比作釘子，往大腳趾上釘。這一釘，你就感覺肚臍一收，實際是右腳心離地，左手心也離地，這叫「吞」。下面再想呢，這時才命門找環跳。這時叫「吐」。「吐」是什麼？就是右手心一鼓，左腳心一鼓，肚臍一鼓，實際是你的意念在命門找環跳，即命門往胯上落，發力是眼神看右手食指的指甲，這是掤。掤、捋、擠、按為四正，必須把四正做好。

擠：打擠之前，要變一個斜方向，即食指指尖、指肚往左前方伸。伸多高？跟眉梢齊，跟眉梢接上以後再想著指尖要無限遠，把神放出去。神一放，你現在感覺兩腳跟有離地感，這時再把意念收回來。思想意識是人，神也是人，屋子就是身體，神出去以後就等於人離開屋子了，馬上還要回來。怎麼回來呢？就把意想一個點，身上一個點，我們要變擠，那就想夾脊，當你感覺腳跟離地時，一想夾脊馬上就返回來了。返回來就往前發，往前腳上落，往前腳上一落，把左手自然帶起來。左手脈門和右曲池相貼，這個貼就是焊住，就跟三角鐵似的焊死，它要動，身體整體全動，這點要記住它。

不要有意先使臂加力而身子不動，焊點活動，這不行，也不起作用。你若這樣想，或手上使點勁，你看又回來了，跟對方脫節。你如焊住不動，這時你再前進就整個地動。這進是哪兒進呢？就是夾脊找腳，就這麼點勁。這

是兩個接觸點，右手、左手各有一個接觸點。剛才講的是正的，掤手是正的，在打擠之前有個斜方向，即左前上，變為正，打擠。

擠完了以後才捋。捋之前有個掏手托肘，掏就是想小手指肚往右腳大趾上釘，小指尖比作釘子尖，往腳大趾趾甲蓋上釘。一釘，你看那肚臍一收，就是一癟，這是「吞」，這時你再想一個鼓勁，就會在這一點上一癟、一鼓。然後在剛鼓的時候，想這大趾趾甲往腳小趾趾甲蓋上釘，這會兒一釘呢，又是一「吞」。剛才是「吞吐」，這叫「引進落空」。

小指往大趾上釘，釘完了以後，你看那肚子一癟、一鼓，有這種感覺時，才想大趾甲往小趾趾甲蓋上釘，這一釘，你的肚臍跟命門要貼在一起，貼住不要再鼓，到什麼程度呢？到大趾要貼地，小趾要朝天，現在感覺左腳要朝後，右腳要朝前。這點要注意，鼻子尖不要超過右腳的腳尖、膝蓋尖，要垂直；右手這點是無限遠，大家練習的時候要注意它。

先說在變捋之前一個斜下角，左上角、右下角、左前上、右前下，這是掏手托肘。然後托肘就在這兒托，等於這肚臍一鼓。托多少呢？手心斜坡朝上，不要整個朝上，斜坡一點，想著要塞到自己左腳底下托起左腳來，左腳要虛了為止，這個勁起，然後再捋，左腳虛了才變。

捋：這捋，是想左手食指肚摸右眉梢，眼睛一看食指肚，這個距離就適合了。再想右眉攢，眼睛一看手指肚，感覺右腳虛了能抬起來時才夠度數，這會兒右腳不抬，你老想著手指肚鈎右眉攢，眼睛看手指肚。這個掌握好了以

後就不怕對方推了。

　　你感覺這右腳一虛離地，這會兒陰變陽，變陽是指甲蓋對正左眉攢，要摸左眉攢，眼看指甲蓋，你看那身子就跟著往這邊引。下面接著指甲蓋摸左眉攢往下談，眼睛看著，感覺這右腳尖有蹺意，這時候眉梢追指甲，這個手要無限遠。這到什麼程度？右腳抬起最高不要超過膝蓋，超過就偏了，這是偏重，就立身不穩了。抬到超過膝蓋高一些，你再一想：量一量，可別超過膝蓋，這是稱力，這人就出去。加這種勁（稱力），眼神就是眉梢追指甲，這是右上，然後變按。

　　按：由掤變按時，想著這左手中指的指甲蓋要揭開，揭開想那嫩肉，一想，這個時候心臟就有動點。動點，是指中指尖的中衝穴往下一平，然後手大指的指肚好似接觸地面，高度與膻中成水平。之後，左手腕舒展，左手腕一舒展，左肘也舒展，肩、腰全舒展了。在這方面，身體是一個假像（如鬥牛時手提的那塊紅布），引誘對方使其落空，就整個身體讓他推，你把意放到這一點，對方就此而落空。你這時候眼神要看的位置是從右手食指指甲蓋這一點落，兩手落到左腳的前側，左腳在兩手的當中，這叫按。右手低於左手，左手這個高度必須掌握好，大指跟膻中保持水平，右大指比肚臍略高一點就行，起碼不要低於肚臍。這點要憑欄下望，手大指、膻中和眼神這三個點要成為三角形，這就可破對方的打擠。

　　他直力來，你就用這切面，這個力量是斜下的：意想中衝是化，想大指是引，想膻中是拿，意在膻中，眼神與大指、膻中成等邊三角形，手大指是圓規之點，膻中是

圈，憑欄下望，入地三尺深，遂破直力，然後變掤。

掤：由按變掤要轉腰圈掤。這轉腰就是右後下轉身入海這個勁，這個落多少？落到兩手在右腳的前側，右腳在這兩手當中。落的時候身子聯手整個都得下去，要入海無底。這個勁往下落，感覺這腿就受不了啦。用這手有個頂勁，把它頂起來。頂多高？大指抬得跟鼻子平。然後眼神從食指指尖起到略微比它高一點點，神順著這個食指尖所指的方向，用這個勁去探。神發出以後，手不要動，這才把對方吸起來。你沒有這個勁，就沾不起來對方來，就全憑這一點。神這麼領，這才吸，這時你一沾他就起。

發的時候就是注意這腳，想腳心、腳掌、腳趾（五個）；完了以後，鼻子找膝尖、腳尖垂直；然後再想命門找胯，這就恢復了一個圈。

現在講完了掤、捋、擠、按這四正，再加上角度，頭一個是左前上，第二個是右前下，第三個是左後上，第四個是右後下。

我們練習時先求方，不加意念，擁出以後，你就把食指指尖儘量地無限遠，指尖要夠到很遠處，這會兒正了，打擠，不停就轉身入海。轉身入海注意鼻尖、膝尖、腳大趾尖要垂直，手要動。等左腳虛了以後，接著就畫眉梢，不加意念，想著還按那個路線走。到這兒感覺右腳虛，這時候左後上，拿眉梢追食指指甲，這右腳就抬起來，別超過膝蓋，這就夠了。然後轉身入海，馬上就回來往下落，要下去，下去以後，輕輕地起，起來以後，眼神往正前方看。然後不停地這樣練下去，就是左前上、右前下、左後上、右後下。練習推手要這樣做，不加意念，推 20 圈。一

早起來就這樣練，完了，然後左右一邊二十，練完了這骨節就全鬆開了，這對於健身幫助很大，實際是讓你練習放鬆。打拳也好，推手也好，頭一句話叫全身放鬆。怎麼鬆？必須由實踐，你不這麼鍛鍊就鬆不了。

今天講的這個規矩方圓，是四正推手法，這是最基本的。練好以後，就能達到拳譜上所要求的：「忽隱忽現」、「仰之則彌高，俯之則彌深，進之則愈長，退之則愈促」。

太極勁

太極拳推手中所包含的各種勁，一共有 35 種，還有一種凌空勁沒有傳出來。現在有人說把人兩條腿打起來就算是凌空勁，其實不是。凌空勁是一下抖起來老高，現在沒有，也做不到。下面講一下三十五種勁。

1. 沾黏勁

就是搭手不離開的意思，即一搭手就要把對方黏起來，否則不算沾黏勁。此勁在太極拳諸勁中尤為重要，離開沾黏勁別的勁都做不成，這是最基本的勁。

沾黏勁的練習方法跟拍皮球似的，皮球的氣越足越好，拍一下馬上就反彈回來。人是活的，本能的反作用力大，所以能打起來。練習時速度要快，架勢不要太大。例如做摟膝拗步，手心稍微一突再空手心，沾黏勁就出來了，腳心也空，胸一空，沾一點就是，沾起對方再發招。一沾，對方就冒高，這時發手一伸就是。沒有沾黏的硬推不是太極勁。

2. 聽　勁

練全身的接觸點。開始練手、腕、臂，即由腕到肩，這是起碼的要求，漸至全身上下都能聽，即鍛鍊神經末梢的靈敏性，連頭髮都有反應。所謂「凝神於耳」，是神含蓄在內。練習時全身必須鬆開，把關節放鬆，靈敏勁就有了。全身放鬆以腰腿為主。

還有三空，即手心空、腳心空、胸空，整個身體練得像氣球一樣才出輕靈。皮球不行，籃球也不行，就如擺放的氣球，人從旁邊走過它都有反應，你一按，它一癟；你撒手，它又鼓起來，你有這種靈敏性後再聽對方。

聽勁聽什麼？聽對方的反應，即他的動靜虛實變化，他半虛半實怎麼做，全虛全實怎麼做。要破壞對方的重心，穩定自己的重心。如果不讓對方聽出來，你本身也得練成氣球一樣靈敏才行。掌握聽勁的要領是肌肉放鬆，骨節拉開，身上才靈。

3. 懂　勁

這與聽勁有連帶關係。什麼叫懂勁？拳譜上說得很清楚：「每見數年純功不能運化者，雙重之病未悟耳」。懂勁以後才越練越精。怎麼懂勁？主要是懂陰陽，陰陽即太極。兩個人的勁，要知己知彼，搭手時要「量敵」，須知對方的長處和短處、強點和弱點，由外面的現象探知內部本質是虛是實，以己之長擊敵之短。

兩人還得合在一起，連呼吸都合在一起，叫做「彼此呼吸成一體，牽動往來得自由」。兩人陰不離陽，陽不離陰，「陰陽相濟，方謂懂勁」。「隨屈就伸」就是隨其出勁點（根節），領其梢節，截其中節。「隨」也是「就」，一個

意思，即隨其屈就其伸，謂之「捨己從人」。

4. 走 勁

三十六計，走為上策。怎麼走？走得開走不開？你想走人家還不讓你走哩！懂勁以後才能走。「能沾能走，方為懂勁」，「人剛我柔謂之走，我順人背謂之黏」。拳譜的意思是黏走要結合。人剛我柔，什麼叫剛？就是對方來手有力也好，無力也好，都把它比作剛來對待，我們只要不跟他頂撞、抵抗，都謂之走。

太極拳以走勁為主，怎麼走？「走即是黏，黏即是走」，黏走實際上是一個勁。一個東西它有前有後，離開圓圈就不行了，這圓圈是兩個字組成的，一個圓圈的一半為「走」，另一半為「黏」，這是太極勁與苯力的顯著區別。走為化解，黏為進攻，黏走代表剛柔，走化用黏勁，走勁跟黏勁不能離開。例如對方抓我手腕，他大指用力就走大指；對方手掌按到我身上，他手掌有勁就走手掌。不黏而走近於跑，近於弱。沾是不丟，走是不頂，走不是跑，跑是弱。走化要先走腰腿，轉腰子。腰為總司令，總司令先走，接觸點是二等兵，兵還得支撐著，接觸點一弱，就是兵敗如山倒。

5. 化 勁

要想走，光走不行，還得經由化，就是變化。化跟發都有連帶關係，化即破招，不管對方來什麼手都給他破了，就在跟對方的接觸點上變化，叫做「一接點中求」。各種拳術都在研究接觸點，求什麼？求變化，看你化得開化不開，化不開就被人按上了。你如不懂接觸點，你也化不了。

「點」如皮球在水中，欲用手指把皮球按到水底去，你按不住中心它就滾轉，我們本身的化勁即如水中的皮球滾轉，不讓人按到中心。所謂「一接點中求」，就是兩人一搭手在接觸點上求變化，他化不開就被擊出。所以化勁就是不讓對方穿過接觸點中心，改變其方向就行。走化也在腰腿上，一邊走一邊化，不離開，還要沾黏著；也不要跑，你跑他會追的，稍微一滾轉即是化勁。與彼接觸點老保持切面，使對方老找不著平面就行。

6. 引　勁

引誘之意。即引誘對方重心出於體外，使其不穩，同時保持自己的平衡穩定。引誘中有真假虛實，作戰兵不厭詐，計策也。

引誘是用真假虛實變化引僵了對方，將其提起來以破壞對方的重心。正面進不去就從兩翼進，在對方兩腳的兩個點中找其沒有支撐的點，用意念引誘或用形象引誘皆可，欲前先後，欲左先右，視其重心的變化。他一有力，氣一上升，即可用拍皮球等勁使對方暈暈乎乎，引其入榫，使其上圈套。榫是不先不後，火候不老不嫩，在引到對方站立不穩時用拿勁。

7. 拿　勁

拿起來才能放下，如拿不起來，也就發不出去。只有把對方拿起來才能放，引歪了才能拿。拳譜云：「欲將物掀起，加以挫之之力，斯其根自斷。」就如同折鐵絲，來回折，發熱了就斷。拿起來後要找地方放，哪地方合適就往哪兒放，沒地方放還拿回來。

拿，得使對方真正沒有反抗能力才能拿。也不是老

王培生內功心法太極拳

拿，拿得對方重心出於體外即可，不拿了就發。

8. 發　勁

引、拿、發是連續的。拿夠時間了就發。「蓄勁如張弓，發勁如放箭」，弓拉得滿才能發箭，否則箭射不遠也射不準。拉弓射箭叫「支杆吊膀子」，太極拳發勁的身法也是立身中正，四肢手腳在發勁時都得合上（內外三合），中正安舒頂頭懸。發勁的身法須具備好：涵胸、拔背、鬆腰、抽胯、裹襠、溜臀、頂頭懸，這樣才能產生整勁，即全身完整一致，這是起碼的要求。

全身完整一致首先是身法具備，其次就是發箭的時間。發時要鬆弛，鬆弛力才大。感覺對方沒有反抗能力，身體顯輕，就是發勁的最佳時間。剛一問勁，有反抗力，須馬上鬆，敵重就鬆，不重就發。

9. 提　勁

是提高、上拔的意思。提勁主要是拔對方的根。人以腳為根，發人如放樹，樹無根自倒。欲將對方後腳跟拿起來時用提勁。

提勁的用法：我出右手先向其後下一隨（奔對方腳後跟的週邊），手梢回鈎自己的手心，然後虎口找自己的耳孔，對方的腳跟就被提起，我手向後上提時如用鞭子抽動之意，這就把對方抽拔起來了。拳譜云：「欲將物掀起，加以挫之之力，斯其根自斷。」這是文言，實際比喻如折鐵絲。你意念老想著他那腳後跟，一挫動，再一挫動，他來回晃那麼兩三下，重心一晃悠根就斷。但不是亂推，亂推推不動。你一問勁，他一重，你一鬆，他就倒，待會兒再問，沒有東西了，很輕很輕。

10. 截　勁

也叫斷勁，阻截、阻斷之意，把對方的勁分成幾段。當對方發勁時，我以截勁阻截之，使其勁發不出來。截勁有個時間性，時間要掌握好。截的時間是在對方的勁未完全發出，我在中途截之，但不能迎頭去截，要繞過去截。外形既不明顯，又不能離開圓圈。還是以黏走勁為主，若不繞開，不走弧形，截勁就出不來。該斷哪兒就斷哪兒，包括化勁。以退為進也是一個圈，對方來攻我上部，重心往前移，如用鐵鍬鏟土似的。當對方向我發拳，拳正在走著，這時一截就是。

在截的時候，你看他哪兒力大就走哪兒，哪邊力小就黏哪邊。這句話很重要，要記住，「默識揣摩，漸至從心所欲」。太極勁就這麼點奧妙。

11. 長　勁

即連綿、銜接、貫穿。要做到連綿不斷，藕斷絲連，將展未展，彼進多少我走多少，長到對方搆不著為止。長勁的練習方法是以腰腿為主。要讓腰腿靈活，大腿後面的肌肉必須放鬆。怎麼放鬆？只要膝微屈，後面的肌肉就鬆弛了，這樣胯也靈活了。胯為下肢的根節，下肢如彈簧，對方推也推不動。

練習正推手要做出長勁來，在打擠完了要變換時，有一個掤手托肘，這個動作就叫長勁。但是光掤手托肘還掀不起對方，因為對方一轉腰就把你拿起來了。

掤手托肘的要領是鬆腰胯，一鬆腰胯就長了，就長這麼一點點對方就被托起，就跟下圍棋似的，老比對方多那麼一個子就取勝。我掤彼捋時我用長勁，但長勁不只是伸

胳膊，是腿（胯、膝、踝、足）往後並轉腰，這時伸手才長。練習時注意，長夠了再打擠，若是對方轉腰圈掤，他長你也長，他進多少你走多少。在四正推手法中要練出這種長勁來。訣云：「掤捋擠按須認真，上下相隨人難進，任他巨力來打吾，牽動四兩撥千斤。引進落空吾即出，沾連黏隨不丟頂。」

12. 抖跳勁

抖跳勁是兩個勁組成的，一個長勁加一個截勁組成抖跳勁。或先截後長，或先長後截。若先長後截則對方先被擊出而後跳起，你喘一口氣他跳一下。若先截後長，則對方先跳起而後跌出。

13. 鑽　勁

鑽勁是一種螺旋力，正轉或逆轉。有空隙時用鑽勁，這種勁很衝，內含有冷勁，有突然分開對方鑽入之意。此勁易傷人，不可輕試。

用法是鬆肩墜肘空手心，氣貫指尖，向對方肋間空隙上一點，稍微一合就是。外形上顯不出來，但是很衝。

練習方法：用意呼吸，意想自己的人中穴，氣就下去，從腳板返上來到命門穴（中丹田），往上四成勁，往下放六成勁，兩臂由夾脊到肩井再到手稍用四成勁。

發勁由腋下發出，就想著畫圈，多咎畫得全身自動了，就出圈了。上邊動，下邊也動，因為你右手跟左腳相對稱，如擰手巾似的。用意念，上肢由合谷一直伸到腋下轉，手部由中指到內勞宮，下去到大腿內側，到腳心，經腳後跟往上再起繞一圈，轉到大腿外側，上到夾脊，再到外勞宮，循環運轉。這叫「由腳而腰達於脊椎，形於手

指」。腿腳動，腰身動，出圈。先是有形而後無形。不要用意太大，求之過急，有意追求反而得不到。拳經講：「有形皆有假，無形方為真」，「有意無意，方為真意」。上下肢四六成的變化，做到根基要穩，上肢要輕。

14. 分　勁

分筋錯骨，截拿抓閉，拿脈抓筋，像對鐲子。拿住對方後自己想自己的鼻子尖，把對方的筋骨血肉分開。分其內部，不傷外形，截其氣，拿其脈，閉其血，抓其筋。

15. 開　勁

「見人則開」。不好做，有兩種感覺：如鐵錘擊於棉絮，只打上一點，錘拿開後，棉絮依然如前；又如大石投入水中，石落水後，水復歸如初。開合如入榫，不能去阻撓對方來力，自己應同棉絮般柔軟。

練習方法：自己的全身關節要拉開，這樣自己才能出開勁，絕不是外形。肌肉放鬆，使對方摸上去軟如棉絮。

16. 合　勁

「迎入則合」。對方來勁要入榫，恰巧合在一起成為一體，勁大了不成，勁小了也不成。結合呼吸，不老不嫩，火候要合適。合勁自己要外三合，內三合，發勁要快，攻、防、化都可。如手足合未化開，則再想膝肘合，再想肩胯合以化之。

17. 掤　勁

是向前向上的立圓。掤手有左有右。

練習方法：如左手前掤，出左手成陽掌，大指肚對準對方的鼻尖，大指尖對準自己的左鼻孔，是謂「進圈」。食指尖要畫拉對方的左眉攢、眉梢。右手扶著對方的肘部

想著對方的腰，右手大指尖與自己的左臂彎處平齊，眼神順著左手食指內側向前上看對方的右眉攢、眉梢，成左弓步，腰與胯一合即是。腰屬子，體重在左腿左胯為丑，子與丑合出掤勁。實際是命門跟環跳合，掤擊對方是在搭手以後，意念一想命門找環跳，對方即被掤起，歌曰：「掤勁命門找環跳。」平時須多練習，習慣成自然，用時動作協調一致。

18. 捋 勁

捋破掤是舒展、化解，往開（京語：往旁邊之意）畫拉的意思。力學上講是平面旋轉的輪軸。

練習方法：將眼神往回一收，以右手食指肚摸自己的左眉梢到左眉攢，再由陰掌變為陽掌，以食指指甲蓋畫右眉攢到眉梢，指甲與眉梢固定住，眼神接上；左手為陽掌，左手不能弱，大指尖高與右手掌根平齊。尾骶骨對正左腳後跟，收腹想腳。歌曰：「捋勁食指畫眉梢。」

19. 擠 勁

擠破捋，是一個向前去的直勁，跟大木頭槓子杵似的。練習方法：左手搭在右臂彎處，前腳對準兩手臂交叉點正當中，脊背往前腳上一落，對方就被擊出很遠。眼神要超過對方中點（位於對方的腳跟後頭），打穿透勁。寅與卯合出擠勁。歌曰：「擠勁脊背找前腳。」

20. 按 勁

按破擠，按是涵胸。練習方法：右手心朝下，高度與膻中穴平齊（申與酉合出按勁），大指肚朝向地面，體重右移；左手心朝天，高與肚臍平，可以略高一些，但不能超過心口窩，也不能低於肚臍，低了會氣不圓，缺半口

氣。眼神向左下看入地三尺深，著眼點與手心、膻中穴成三角形，如憑欄下望。意念越深，按勁越大。歌曰：「按勁憑欄樓下瞧。」

21. 採　勁

採破肘，採是選擇的意思，即挑選對方的弱點採之。對方平行向前來力，我將來力稍微向下一沉就是。採勁要出向外放射的勁，意念是玄關穴與採勁一側的肩井穴一合即是。歌曰：「午與未合出採勁。」

22. 挒　勁

挒勁有上挒、下挒（橫挒）。上挒是手與腳分，即手由後下向前上送，指梢高與眉齊，眼向前看，意念蹬後腳，後腳蹬空了就出挒勁。下挒的意念在手，以手找自己的腳，如右手找左腳。發挒勁要脆。

23. 肘　勁

肘尖如同寶劍尖，肘法很厲害，有 16 種肘法。勞宮與肩井合出肘勁。弓步頂肘時注意三條線：頭向上頂天，腳向下入地，眼神順肘尖照直向前看。如果是向後打肘，則是以肩找手。

24. 靠　勁

有肩靠、背靠，也叫肩打、背打。打靠時肩與胯合，眼神與靠擊點成一相反的直線。想玉枕穴，玉枕穴好像扛著大包似的。歌曰：「靠勁玉枕扛大包。」

此外還有借勁、沉勁、撥勁、搓勁、攪勁、冷勁、斷勁、抖擻勁、折疊勁、擦皮虛凌勁等，因非屬主要，故不贅述。太極拳最基本的勁是沾黏勁、聽勁、懂勁、化勁。只有把這幾種勁掌握了，其他諸勁才能更好地發揮作用。

附 錄

中華自古有武術 獨步當代第一人
——記技擊實戰家王培生先生

文／朝陽

　　王培生先生出生於 1919 年。他自幼嗜武，曾先後拜張玉蓮學彈腿，拜吳秀峰學八極，拜馬貴、韓慕俠學形意、八卦。

　　水流千轉。當時年僅 13 歲的王培生又對以柔克剛的太極拳心嚮往之，遂拜在吳式太極拳巨擘楊禹廷先生門下深造。大概他是一個天生的練武「坯子」，其師祖王茂齋認為孺子可教，不僅青睞有加，而且格外點化，格外栽培。從此，王培生步入一個新天地，造就了一身出神入化的功夫。他 18 歲便開館授拳，並且一生中再也沒有從事過第二種職業。這在當時藏龍臥虎的北京城，絕非易事。

　　校李無言，下自成蹊。王培生以武育人的足跡遍及大江南北，全國各大院校等多家單位到處留下了他辛勤耕耘，傳播太極大道的身影。

　　王培生文武兼備，並通曉陰陽五行、太極八卦之理。他在文人、學子薈萃之所講學，口中滔滔不絕，即使講上

20天、1個月，武學理論也不重複，每天都有新鮮的東西給予學者。如果有人和他談點俗事（與武術無關之事），哪怕時間不長，他便昏昏欲睡。但是，當你一講拳學，此老就像是注入了強心劑，雙目灼灼有光，談興勃發，你不能不服他的敬武精神。為武術而生，為武術而操勞，他似乎已將此生完全奉獻給了武術的崇高祭壇。他窮究武術之奧妙，甚至達到了武不驚人死不休的地步。

他以畢生精力追求武術的最高境界，探索武學之道。他也時常掩卷沉思：現代人公務纏身，83式太極拳不易掌握，如何簡化、精編方能不失本意，並且兼具健身、技擊自衛之目的呢？

1953年，他在傳統吳式太極拳的基礎上，創編出37式，又於1958年整理成書出版。

從此，一發不可收拾，至20世紀80年代，他先後出版了十幾部武學方面的皇皇巨著。尤其是他與曾維其先生合著的英文版《吳式太極拳》一書，海外流傳極廣，影響甚大，並已被美國宇航局列為宇航員的訓練教材。

1985年，國家教委舉辦全國高等院校武術教師培訓班，王培生主講太極推手。後來據此而編出《太極功及推手精要》一書，並被指定為大學武術教師的進修教材。

1987年，《人民日報》、《中國日報》為王培生出版《太極拳的健身和技擊作用》一書。

王培生——中國武術的驕傲，太極拳史上的傑出人物。我不知道誰處於他那種境況下尚能安之若素，獲如此之殊勞？可是，「冠蓋滿京華，斯人獨憔悴」。他還是難以改變「獨立自主」的現狀，還是在那陋巷斗室中參悟武

學的精典奧義，秉筆直書太極拳華章。

初出茅廬第一功

王培生雖有著作在身，可也不是嘴把式，只說不練。他的技擊功夫在中國武術界有口皆碑，可說是碩果僅存。此老的功夫如以神來形容，亦不為過。他的「定位」打人法不僅其徒屢有體驗，就連極負盛名的武林人物也嘗試過。

年輕時的王培生就已極具技擊天賦。他 20 歲（1939年）新年，中華大地正遭受著日本強盜的蹂躪。一天，他去太廟後河拳社拜訪王薌齋先生，行走在路上時，身後竟尾隨了五六個荷槍實彈的日本大兵。

來到拳社，恰巧王老先生不在。適逢其徒洪連順在練虎頭雙鈎，一見王培生身後的日本兵，不禁雙目圓睜，以為是這年輕人引狼入室來挑釁的。而這五六個日本兵看到手握雙鈎的洪連順橫眉立目怒視的樣子，也認為是這中國後生有意引他們到此，遂遷怒於他。

等王培生告辭出來走到街上，一日本兵突然端起帶刺刀的大槍，分心便刺，他本能地閃避，遂以右臂向日兵腰間一捋，「撲通」，日兵仰面跌出。此刻，又一日兵的槍刺已及胸盈寸，王培生絲毫不亂，斜身上步施以栽捶，頓使對方前撲。這時，第三個日兵從後直刺其背，只見王培生捷似鷹隼，轉身以八卦掌散手「周倉扛刀」一下子把這從後偷襲的日本大兵順勢甩起騰空，摔了一個大仰殼。

王培生的身手疾若電閃雷鳴，僅幾秒鐘功夫，全副武

裝的日本兵已狼狽萬狀。這時大街上的中國老百姓，喝彩喊好，一片譁然，終於吐出胸中一口悶氣。日本大兵在鬧市中也不敢過分放肆，他們明白今天逢上了中國武林高手，要是開槍也撿不到便宜，更是獻醜，而且還會惹下麻煩，權衡利弊後，只得悻悻而去。這一壯舉，不脛而走，傳遍燕趙大地，居然驚動了武林中一個響噹噹人物，唐山鷹爪王安寶亭。

鷹爪王是一位真誠漢子，他心折王培生的氣節與膽識，親赴北平將比自己年輕近 30 歲的一個後生請到唐山家中，盛情款待。

不管怎麼說，安寶亭也是個練家子，在當時冀東唐山享有鷹爪王的盛譽，面對王培生這麼一個出類拔萃的武林高手，他心裏實在是癢癢的，很想較量一番，以檢驗自己的功夫，同時也想看看對方的本事。這就像酒徒看到美酒，如果不讓他飲個淋漓酣暢，心裏別提多難受了！

安寶亭雖然以鷹爪功聞名遐邇，其實他在太極拳上亦浸淫了多年，可以說是內外雙修。二人推手較量三次，他均被王培生發放到火炕（北方人睡覺、取暖的床鋪）上。他坦然一笑，贊道：「老弟功夫果然不凡。」心中卻是不肯輕易服輸。又道：「大哥推手不如你，我練幾手功夫給老弟看看。」

他從兵器架上取下一根三尺長的鐵條，開馬蹲襠，微一吸氣，便以右手掄動鐵條向自身胸背、軟肋、小腹、襠下等薄弱部位如擂鼓一般排打起來。但聞「嘭嘭」之聲不絕於耳，他依然神色如常，王培生等觀看者不禁轟然叫好！

接著，安寶亭又取出兩個大鐵球，每個足有 5 公斤重。常人用五指來抓也覺費力，可是鷹爪王僅以大、中、食三指便輕輕拈起，並靈巧地凌空翻了個腕花，然後托球走了一趟拳架。他將球放下後，仍呼吸如常，大氣也不出一口。王培生暗暗為之心折。

　　他又從牆根下取過兩個口小肚大的壇子，內裝半壇沙子，其上覆蓋著幾枚古銅錢。他左右手各抓一壇掄舞了一套拳法，不僅疾若生風，沉重的兩個壇子在他手中也輕若無物，讓人歎為觀止。

　　收功後，安寶亭又從壇中取出一枚銅錢，放在右手中指肚上托住，然後以食指、無名指搭在銅錢兩邊，運氣微微一夾，銅錢即捲成半圓狀，他又用兩掌將銅錢合住一碾，銅錢又平展如初，恢復原樣。這看似尋常的演示，如無數十年之純功，絕難練出如此的鷹爪力來！

　　行家一伸手，便知有沒有。這三門絕活，王培生心中明白，自己一樣也練不了。可是，人家安先生是當高手把他請來的，技不如人，這酒還怎麼好意思往下喝！培生正值血氣方剛的年紀，豈肯就此認輸，他微作沉思，便開口問道：「安兄的鷹爪功真是非同凡響，如果握住人的雙腕，能不能掙脫？」安寶亭自得地道：「別的大哥不敢說，在唐山，還沒有人能從我的手中逃脫得掉。」王培生笑了，一伸兩手，道：「太極拳中有化解固腕的方法，就不知讓安兄握住腕子之後，我還能不能掙脫，不妨一試。」

　　安寶亭不禁睜大眼睛，心想：安某數十年之鷹爪功，只要抓住人的兩腕，就是掙斷了，也休想逃脫得掉。這年輕人可真是不知天高地厚。但他口中卻說道：「不試了，

咱們喝酒去。」可是，當他看到王培生伸出的手竟然沒有收回去，而其他人也沒有移動腳步，安寶亭微微一搖頭，忖道：真要見個真章，可就不能怪我了！於是，他不再推辭，抓住王培生的手腕道：「老弟，受不了趕快說話，我可用力了。」王培生頓覺被抓之腕宛如鐵絲勁摔一般殺肉，火燒火燎的，他心中暗贊：好厲害的手勁！面上卻渾然無事一般問道：「安兄，我可以化解了嗎？」安寶亭一叫力道：「好了」。他「了」字剛剛吐出口，就見王培生的小臂微微晃動，竟一下子從鷹爪王那鐵鉗一般的大手中挣了出來。

安寶亭一臉訝然之色。一旁的觀者也是大睜兩眼，渾不知王培生是用什麼法子挣脫的！王培生又將手伸出，道：「安兄，你方才沒有用上十成勁，再試一次。」安寶亭此一回真是用上了平生的功力，才吐出「好了」二字，只見王培生深吸一口氣，驟然手臂一晃，再次挣脫安寶亭力可斷腕的鐵手。

太極神功顯東瀛

60 年後，他的門生問他：究竟用的什麼絕活破解了鷹爪王那力可破壁的五指神功時，王老坦然將「秘訣」道破。他說：手的開合是由兩個方面組成，即大指為一方，餘下四指為一方。如果被抓住，就依靠對方四指那一方，衝擊他大指一方，一靠一衝，即能破解。用一句現在的話來概括，就是四個字：依靠多數。要是被人雙手抓住，衝向對方力弱的那隻手即可。

高深玄奧的武學，從老人口中說出，不僅淺顯易懂，而且使人豁然貫通。不過，真要是練到身上，也不是那麼容易。因為這其中包含著太極拳的「不用拙力」，即老人常比喻的「老雞等米」，也是實戰經驗的老道。同時，還要修練自身皮膚、末梢神經如蟋蟀的觸鬚般靈敏。所以，神功絕技並非一蹴而就，一點即成。

　　王培生的技擊功夫，愈老愈見精純。他年過花甲，尚在一次中日武術界座談會上，以出神入化的功夫，讓日本少林拳法聯盟的高手們，見識到了太極拳的高超技擊之術。

　　事情緣起於 1981 年 5 月在瀋陽舉辦的全國武術觀摩交流大會。每逢這種形式的大會，日本武術界均派代表團前來。並且一再要求比武較技。出於外交方面的考慮，我國武術界多次以種種理由回避。從而使日本人認為，中國武術界已無人能夠接受他們的挑戰，甚至揚言：少林寺在中國，少林拳已不在中國了！

　　而且，日本少林拳法聯盟對於太極古拳的認識，也僅停留在：日本也有練推手的，這沒有技擊意義，只有健身意義，活動一下身體而已。當向他們介紹王培生是太極拳大師時，反應也極為冷淡。

　　針對日本人的偏見，王培生在那次中日武術界座談會上即席講解了太極拳的技擊作用。他說：「太極拳的目的是讓你看得見，卻摸不到，抓不住，打不上，美國人稱之為影子拳……而且全憑心意用功夫，主張用意不用力。並以自己為軸心，以對方為輪，利用對方，指揮對方，讓對方走大圈，以小力破大力，以巧取拙，以逸待勞。交手

時，以隨遇平衡保持重心平穩，來破壞對方重心的平衡。這也是借他千斤力，不費四兩功……」

為使對方進一步明白太極拳原理，先生又極其精闢、極其通俗地舉例加以說明：「老雞等米吃，小雞追米吃。主人撒米時，地上哪裏的米多，老雞就往哪裏去，低頭足吃；小雞則是滿地跑，尋找米粒，緊忙活也吃不到多少。」形象地闡述了「不用拙力，以巧取拙」的內家拳精隨。

這時，他走向大廳中央，話頭一轉，朗聲道：「我說的這些太極拳原理，本人都能做得到。習武就要理論聯繫實際，不能只說不做，你們哪一位跟我試一試？」

「試一試」三字剛經翻譯之口譯出，就像捅到了日本代表團的興奮點上，「噌」同時站起兩個人來，一位是日方代表團團長竹森好美，一位是日本少林拳法聯盟教務部長山琦博通。可能是他們已經企盼了多年，今天終於有了機會與中國太極拳家一比高下，所以才如此激動，不謀而合地同時立身而起。只見兩位日本武術家以極快的目光「交流」了一下，團長先生便禮讓教務部長先行試技。

無論這一場較量誰勝誰負，都是在激揚武道榮譽和維護武者的尊嚴。

王培生站到大廳中央時，是不是意識到了他已身負太極拳、甚至中國武術界的榮譽？而山琦君的出戰，僅是為了實現日本武術界的多年夙願——挑戰中國武術界而已。因此，這一戰之榮辱，對於王培生來說，關係自己數十年之英名，更關係到已有著百年歷史的太極拳之興衰！

他乃花甲老翁、清臞瘦小，而對方則是人在中年、四

十上下的高壯大漢，王培生能操多少勝算？不知當時組織這一座談會的國家體委武術司的領導們是不是也捏著一把汗？

當山琦君步履輕捷地昂然走過來時，王培生示之以禮，伸出右手。教務部長先聲奪人，一把刁住其腕，旋以手掌凌空勁劈先生的右臂肘。這一招真如迅雷，倘落實處，王培生右臂非斷即折。好個花甲翁，身形仍是不動如山，避開正面衝突，待對方實勁欲出之際，順勢以被抓右腕「提手上式」，從而使對方攻出的合力化為分力，不僅恰到火候地鉗制了山琦，而且使其足跟驟離地面。山琦心中一驚，王培生乘機以左手反按其右腕，並化開被控制的右臂從對方腋下繞至其右臂之上，一個「進步栽捶」向前方往下按，「撲通！」山琦雙膝跪倒，腦門觸地。他強自掙扎欲起身，王培生以固技制住，使其難以再動。這時，一日本女團員跑過來按下「快門」，搶下這一鏡頭。

山琦是日本一流武術家，豈能輕易服輸？他從地上爬起，吼叫著再次撲來。王培生用按掌削其肩部大動脈，又一次使山琦跌翻。他復爬起，再以右臂摟住先生脖頸，欲施「橫踹踩子腳」。王培生右手似揮五弦，又如在山琦胸前一揮塵土，口中卻道：「這叫雲手，你們說的摸魚睡覺。」豈知這輕輕一揮，如有千鈞之力，山琦如遭雷擊，再次滾了出去。他屢敗屢戰，起身又抱王培生腰間，先生用「抱虎歸山」，以橫勁破豎勁，將其發出丈外。

日本武士道精神在山琦君身上表現得淋漓盡致。他立起身來又揪先生衣領，先生以「單鞭」化解。繼而捉拿先生手腕部，王培生以「海底針」隨其捋勁，活鬆手臂，五指向前反拿山琦手腕，並向下一插，復令其跪於廳中央……

此一回交手共七八個回合，山琦已是大汗淋漓，氣喘如牛，跌跌撞撞退到牆角，低首彎腰，以雙手按膝，心悅誠服地認輸而結束。

已年過 60 歲的王培生與正 40 歲壯年的山崎這一較量，猶如「老叟戲頑童」，真正體現了太極「耄耋能禦眾，四兩破千斤」的技擊真髓。

難怪日本少林拳法聯盟訪華代表團團長當時激動地說：「我們這次訪華，收穫最大，透過王先生（現身說法），真正認識到了太極拳技擊的功夫，希望王先生能到日本講學……」

後來，日本《阿羅漢》雜誌專題報導了王培生先生，尊他為中國十大武術家之一。當時，《人民日報》、《武林》等十餘種報刊，對於中日此次較技均有報導。

這一 80 年代的中日武術交流盛會，是在瀋陽遼寧省體育館迎客廳舉行的，目的無非是讓日本方面瞭解中國武術，而由當時的國家體委武術司毛伯浩等領導拍板決定，才安排了這次座談會，中方代表不僅有北京王培生，還有廣西的姜星五先生。其實，目睹這一盛況者，尚有許多人。

會議之後，山琦博通先生因為王培生勝了他，欽佩之餘，便將身上帶的一塊日本少林拳法聯盟皮腰帶和一條毛巾贈送給王老，以示敬意。

千古不絕精武魂

王培生先生多次去美國、日本講學。他的技擊功夫，讓洋人歎為觀止，猶如神龍見首不見尾。

一位叫羅邦禎的美籍華人，是美國三藩市環球太極拳社社長，20世紀80年代多次來到中國，並自稱足跡遍及幾省市，所到之處，遍訪武林高手，可是沒有遇到過對手。也不知這位老兄是在說大話，還是我們國內的高手心太軟……

他倒像是一個有著「金剛鑽」才敢到處攬「瓷器」的漢子，也不知他用了什麼辦法，居然慕名造訪到王培生的家門口，真敢在「太歲頭上動土」！

但是，自從在頤和園的龍王廟賓館較技後，羅邦禎那狂傲之氣頓斂。不過，他的話還透著一些「曾經滄海難為水，除卻巫山不是雲」的意味。他說：「這次沒有白白回國，無論是國內、國外，我還從來沒有遇到過如此高手，真使我口服心服。在武術技擊方面，也唯有王先生可以指導我。」

1983年，王培生到美國講學，也不知羅邦禎從什麼地方請來一位2米高的美國佬，聲言要與先生一較劍術，更不知這個美國人究竟有多大的道行，他不比試西方人擅長的拳法，居然比試武術中最難練的劍術。究竟他的中國功夫精通到了何種地步，不啻是個謎？

也許王培生的技擊功夫如雲霧繚繞的大山不可預測，劍技較量的本身並不精彩，劍身一搭之下，那美國人便如巨塔傾覆，摔出丈外。他明白自己的功力與面前這個中國老頭相差太遠，即棄劍認負。過後，羅邦禎方道出真相：「這個美國人極難對付，王先生替我出了一口氣！」一個高傲的人居然說出這麼一句說，可見那美國人的本事比他還高明。

此次試劍的背後插曲，似乎比這還要婉轉。當時，一

個叫吉夫的美國大力士也在場，並目睹了王培生的功夫，可是他無論如何也不相信一個清瘦的亞洲老頭身上竟有那麼大的力量，會把一個高如巨塔而且頗有名氣的美國武師摔出幾米遠，這恐怕是假的。

他躍躍欲試，幾次想與這個中國老頭較量一番，可是又不敢貿然去比。吉夫實在不甘心錯過機會，即使在王培生回國之後，他也帶了幾個人，風塵僕僕地追到北京，並把中國老頭請到自己下榻的賓館內，放了自己練功的錄影，以向王培生顯示功夫。錄影畫面上是六七個美國壯漢橫抱著一根粗如水桶般的圓木，向吉夫的大肚子撞擊。

王培生不屑地問他：「你來中國是不是想比試一下？別看你的肚皮能撞翻幾個壯漢，可連我一根手指也頂不住！」

此言一經譯出，吉夫再也忍耐不下，跳起來便截擊王培生的手腕，面對來勢兇猛的招式，也不見中國老頭如何作勢，僅以右手食指微然一抖，吉夫那如牛一般的體重轟然砸在地面。他反覆了幾次進攻，均在瞬間敗北，不禁佩服得五體投地，遂萌生拜師學藝的念頭。

王培生也為吉夫不遠萬里追蹤的勁頭所感動，但還是問他：「你這麼大的本事，還想學什麼？」這個美國人畢恭畢敬地說：「自己每次以功發人，就像獅子、老虎一樣張牙舞爪，傷人又傷己，幾天都恢復不過來。我是要學先生您那種樂哈哈即把人發放很遠的文明勁。」吉夫不愧行家裏手，一說就說到了「節骨眼」上。

王培生點點頭，自此，這個美國人每年都遠渡重洋來到北京，向他學習中國功夫。

……

技擊：太極拳的靈魂
——訪吳式太極拳人王培生

文／嚴翰秀

85 歲的吳式太極拳傳人王培生在太極拳界很有影響，筆者錯過了好幾次採訪他的機會。2001 年 8 月，筆者到北戴河學習路過北京，在人民體育出版社趙編輯的幫助聯繫下，幾經輾轉才到北京市郊回龍觀社區找到王培生先生。他前些年得病，不過恢復得很快，這會兒雖然行動不便，但坐在凳子上身板正直，說話聲音洪亮、果斷、有力，對自己的經歷、對太極拳的認識表述清晰。他 13 歲開始教太極拳，71 年來沒有從事過其他工作。他是中國少見的畢生在太極拳中生活的人。

王培生是河北省武清縣人，3 歲時隨父母到北京謀生，父親在德國人開辦的新華公司當鍋爐工，他就這樣跟隨父親在北京長大。北京是中國的政治文化中心，武術在北京也十分活躍，各種太極拳流派的老師擺攤設場教授太極拳隨處可見。王培生小時好動，受武術氛圍的影響，愛上了武術。他練習過多種拳，會教門彈腿、八卦掌、查拳、少林拳、通背、八極等，且都是由名師教授的。他在13 歲時拜吳式太極拳名師楊禹廷為師學習太極拳。楊禹廷的老師是王茂齋，吳式太極拳歷史上有「南吳（吳鑒泉）

北王」的說法，「王」就是王茂齋。楊禹廷在北平太廟「太極拳研究會」任教，王培生學拳不久，就協助老師教拳。有時王茂齋也到太廟，王培生對師爺十分崇敬，搶著給師爺倒水遞茶。師爺見王培生小小年紀，學拳認真、刻苦，人也聰明勤快，也對他進行教授。王培生回憶說：「我在跟楊禹廷老師學拳的同時，也跟師爺王茂齋學了8年。」在太廟學拳的人，有時是幾百人一起練拳，王培生想出了一個辦法，他將每個動作分解為若干部分，領拳時按照順序口喊身做，幾百號人動作整齊，老師和師爺見了對他十分讚賞。

隨著年齡的增加和得到老師傳授的東西增多，以及掌握太極拳的技術增多，王培生便開始跟自己所學過的拳進行對比。比來比去，他感到太極拳不硬，對健身有特別的作用，在技擊上打不不費力；而其他一些拳則硬，有時練習後比不上太極拳舒服。這樣，他便逐漸以練習太極拳為生，其他拳就很少再練了。

王培生學拳，主要不是為健身，而是為了練功夫，為了提高技擊水準。楊禹廷老師的功夫在當時的北平是公認的，但是他不好跟人比手。當時的武術風氣與現代不同，經常有人到設場的地方要求與武術老師比手，楊禹廷教拳的地方也不例外。王培生常看到一些人來找楊禹廷比手，楊禹廷總是對人說：「我的功夫不行，你的好。」王培生與老師相處時間長了，也百思不得其解：「老師為什麼老是這樣？」後來，王培生見到這樣的情況多了，就挺身而出要代老師與人比手。

平常，老師要求自己的弟子學生不要得罪人，但是在

王培生內功心法太極拳

這種情況下，老師也沒有制止王培生與人比手。王培生說：「凡是要求跟老師比手的，我都代替老師出場。在過去那個時代，打翻幾個來要求比手的人後，來比手的人就少了，我自己也在比手中出了一些名聲。」

經過多年的太極拳練習，王培生對中國武術有了自己獨特的見解。他認為，武術的「武」字是「止戈」，停止動干戈。如何停止動干戈？透過比手，一方贏了，一方輸了，停止動干戈了，這就是「武」的含義。武術的「術」是方法，是「止戈」的方法。武術是使干戈得到停止的方法。王培生這樣解釋武術的內涵在中國很少見。也許由於他對「武術」內涵的這種理解促進了他對太極拳的修練，使他對太極拳的研究轉向注重推手技擊。

他所傳的太極拳每一著一勢都有很明確的技擊意義。被王培生自己認為是代表作的《太極拳的健身與技擊作用》（人民日報出版社，1988年版）中，所寫的37個太極拳動作共178動，每動都將技擊的內容說得清清楚楚，沒有什麼過渡的動作，這在中國的太極拳書中是極少見的。比如，「玉女穿梭」一式共20動，這20動都有明顯的技擊意義。武術界論武時常說拳沒有虛著，在王培生這部著作中充分體現出這句話的準確性。王培生說，書上說的這些，他都一一在實踐中試驗過。

他與人推手競技，就按照自己的這些方法與人動手。他對武術界、太極拳界一些人不敢與人「動手」的現象表示了自己的看法：「一個人說他會武術，會太極拳，但是不與人動手，不敢與人推手，他所會的是什麼東西？應該說根本不是武術，不是太極拳。」他認為一個練拳的人老

是不跟人比手，功夫是上不到他身上去的。

　　有一次，他到外地講學教拳，台下有近 3000 人聽他作太極拳報告。他說：「有人說太極拳在技擊上沒有用，我認為不對，我就能將太極拳的技擊作用做得出來。如果有誰不相信太極拳有技擊作用，都可以上臺來試試，或者叫我下臺試試，也可以找個地方試試。」

　　王培生知道筆者採訪過許多太極拳名家，問：「你沒有趕上採訪陳發科？」筆者說：「沒有。」王培生說：「陳發科那個人很好，我也請教過他。」筆者說：「真的嗎？」王培生說：「那是（20 世紀）40 年代的事了。有一天，我帶李經梧、孫楓秋等 4 人去見陳發科，李經梧與陳發科接上手，一下被陳發科拿住趴在地上了。孫楓秋也一樣。輪到我時，陳發科一拿我時，我一走逃開了。陳發科用河南話大聲說你手真好。能從陳發科手上逃出去的人不多，那時我 20 來歲。後來李經梧、孫楓秋拜陳發科為師學習太極拳。」

　　王培生認為認真地按照太極拳的要領練拳盤架子，才能練習出太極拳的基礎功夫。他在繼承的基礎上總結出了一套練習方法。他認為，只要按照這樣的方法練拳，就能練出功夫來。他舉例說明，比如前按手，要含胸拔背，裹襠溜臀，鬆肩垂肘，肩關節放鬆，肘尖入地，手綿軟。有覺悟後，把腕關節放鬆，指關節朝地，手往上領，大拇指、食指張開，手指指天，凸掌心，設想手向上追空氣。在這些感覺逐漸產生的情況下，慢慢柔軟地完成按的動作。又如前弓步，如向前出左腳時，要鬆左胯，提左膝，提腳向前，先腳跟輕輕落地、腳心落地、腳掌落地、五趾

落地，然後想解谿穴。這是前弓的腿，後腿自然伸直，想委中穴，一想委中穴後腿就自然到位了。

在中國太極拳歷史上，練太極拳的動作要意念一些穴位，這似乎沒有過。王培生這種練拳的要求有獨創性，筆者要求他說說關於人體穴位與太極拳動作關係的情況。

王培生說，過去他在練拳之餘，喜歡看醫學方面的書，對人體的穴位特別有興趣。在結合練拳實踐上，他慢慢將拳的動作與人體穴位聯繫起來思考和體驗，結果發現太極拳的動作與人體的穴位有密切的聯繫，如果在練拳中將某些動作與穴位結合起來，便感到無論在健身和太極拳的推手技擊上都有好的效果。他列舉了一些例子：如弓腿定式時，想前腳的解谿穴，想後腿的委中穴，同時還想夾脊穴微微後移，這3個穴位意念到了，弓腿的動作才算完成，這時練拳人會感覺到全身氣血暢通，身體下盤穩固。

王培生說，必須這樣練拳，才能盤好太極拳架，這樣練拳才能練出知己的功夫；不這樣就難練出功夫來。有的人練拳，手和腳隨便就出去了，自己沒有什麼感覺。練拳時一定要按照要求來練，並且要體會自己身上的感覺，有感覺了，才有明顯的效果，沒有感覺是不會有好的練拳效果的。

筆者問：假如說有了好的太極拳老師，一些學生也練不出功夫來，這是為什麼？

王培生說：練不出功夫來是不按照拳法的要求去做，太極拳老師好與不好，跟練拳的人沒有關係。王培生還說：「有時自己也很生氣，有的學生也想練出功夫來，但是沒有按照我總結的要求來練習。我對學生說：我說的每

一句話都十分重要，都有用。可是我的話在他們練拳時沒有得到貫徹。當然，我的一些學生按照我的要求練拳也練出了一定的功夫。」

筆者對王培生說：過去在採訪中聽到一些人說練習太極拳或與人推手時，來不及想自己身上的穴位動作已經出去了。

王培生說：將人體的穴位與太極拳體用結合起來，這是很細緻的練法。他自己透過反覆做，確實有這種感覺，這種感覺總結出來後，開始還不外傳；現在公開了，讓更多的人知道和練拳參考。

他具體地說了「斜飛式」動作的實際練法——前手斜托，斜上，後手向下，兩手對稱，眼神看後。這個動作是用肩打、用肩靠的。別人用手向我面部打來，我不硬接，順著他，左手捋他肩膀、大臂、小臂，化過後用肩貼著他的胳肢窩，上步將人打出。這一過程中，要意念肩關節的肩井穴、胯關節的環跳穴，還有膝兩側的陰陵泉、陽陵泉、小腿的足三里等。在動作運轉到不同的地方，要意念不同的穴位，想哪不想哪，都要明確。

王培生的這些練拳方法已經在他出版的太極拳書中有了反映，他說他已經出了 11 本關於太極拳的書。

在採訪中，王培生的一個弟子劉先生從大連來到了王培生家。劉先生對筆者說了跟王培生學拳的事。劉先生原來學過其他拳種，一次，在朋友處得到王培生在大連給全國大專院校體育老師講課示範的錄影，他認為王培生解說的太極拳很有道理，就千方百計收集購買王培生出版的書，並打聽王培生的情況。1996 年，劉先生與當地一位老

拳師來找王培生，在路上，這位老拳師想，自己練拳也多年，什麼樣的老師都見過，王培生能厲害到什麼地方？他倆敲響了王培生的門，王培生出來開門時，老拳師伸手想與王培生握手，順便也想試試王培生的功夫。誰知不見王培生接觸到他，老拳師就像喝醉酒一樣左右歪斜，兩腳站立不穩，像跳舞一樣。劉先生也感到奇怪。後來跟王培生學拳後，劉先生才明白這是一種意念制人所產生的效果。

筆者採訪太極拳名家時，有時想體會所採訪名家的功夫，一般在採訪結束後提出要求名家指教一下太極拳的推手技擊。但是，在寫這些名家時，很少把自己寫進去，主要是嚴守記者的職業道德，不掠名家的光。

在採訪王培生幾分鐘後，王培生說：「與人推手，雙方一搭手要聽對方的勁，對方的思想有什麼變化由搭手來知道，要意在彼先，有意無意是真意，練拳推手要找這種感覺。現在你只要拽住我的手就知道了。」筆者一聽，連忙說：你的意思我知道了。王培生大聲地說：「你不知道！真的沒有知道！」筆者感到他有點生氣了，同時也感到王培生是一個非常有個性的太極拳名家，心想：採訪的方法得變一變，要按照他的意思去做，不能讓他不高興。

筆者坐在王培生右邊的沙發上，王培生伸出右手給筆者，要筆者拽。開始，筆者不用力，輕輕抓著。他說：「你儘管用力。」我一用力，只感到他手背沾住筆者的手心順著走，筆者被帶著離開沙發。他適時一回力，筆者重新坐到沙發上了。王培生說：「這就是太極！這就是陰陽！」他笑了，笑得很開心。接著說：「我的手心是陰，手背是陽。你一抓，我是陰，我手背一屈，陰陽在這裏。

剛才你拽我，我就鬆，不與你抵抗，扁、頂、丟、抗都不行。你一拽我，我如果不服就與你頂，這不行，我得鬆，順著你的力鬆開走去，你想搆我搆不著，全身都起來了，我一回勁，你出去了。」

在採訪到太極拳的沾連技法時，王培生又叫筆者與他沾手。王培生說：「推手隨著對方的勁，沾即是走，走即是沾，沾連黏隨，有時使勁大了就離開了，要掌握好尺度，不離開。現在假如你的手推我，我一走走得快，離開了。要在這兒走時似離不離，這裏沾著，不離開，你一用力，你就被引動而起來了。雙方搭手時，沾住他，黏上就走，不走也不行。沾連黏隨四個字不論沾走到什麼地方都得有，走是動，在動中管住對方，對對方加以控制。這中間有變化，變化中有一定的位置，身子要靈活跟著，要外三合、內三合。外三合加上意念就是內三合。」王培生說的這些，在與筆者沾手的過程中已一一表現了出來。

……

採訪即將結束，筆者與王培生照相，他指著牆上「太極泰斗」的條幅說：因為我一生喜歡與人動手，所以友人、學生給我送了這麼個條幅，這是溢美之詞。

王培生是中國太極拳名家，也被稱為中國有名的武術家。他的武術生涯是中國一代武術人才的縮影。筆者只是掛一漏萬地反映了他武術人生中的一些零星片斷，人們從這些片斷中可以看出作為太極拳靈魂的推手技擊是多麼重要。學習太極拳，只有研究太極拳的推手技擊，這種學習才是全面的。王培生的太極拳人生為太極拳愛好者樹立了一個榜樣。

王培生內功心法太極拳

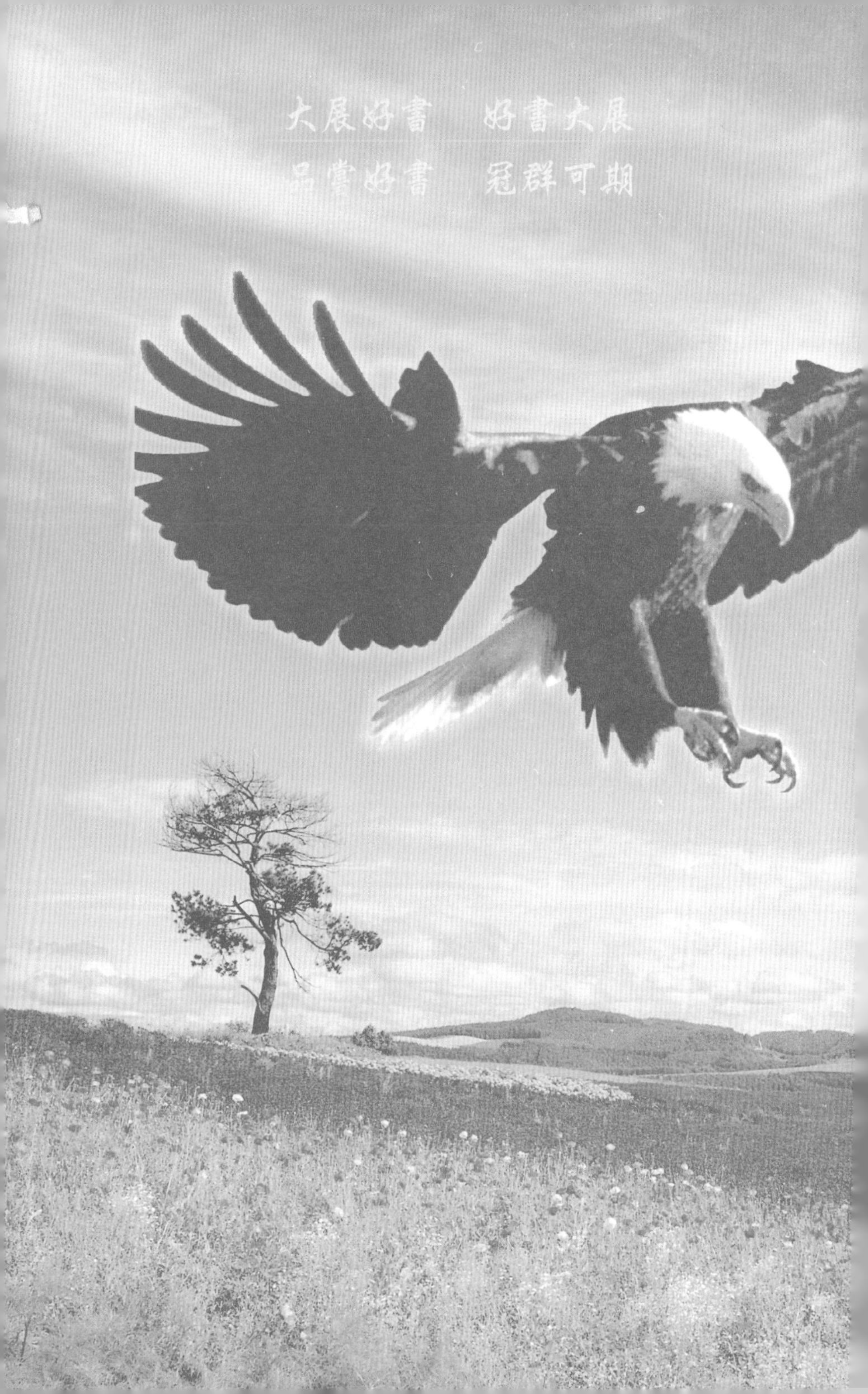
大展好書　好書大展
品嘗好書　冠群可期